31 선우 명수필선

정미소 풍경

선우명수필선·31

정미소 풍경

1판 1쇄 발행 | 2008년 7월 10일
1판 2쇄 발행 | 2010년 9월 20일

지은이 | 구활
발행인 | 이선우
펴낸곳 | 도서출판 선우미디어
등록 | 1997. 8. 7 제2-2416호
100-846 서울 중구 을지로3가 104-10
신성빌딩 403 ☎ 2272-3351, 3352 팩스: 2272-5540
sunwoome@hanmail.net

값 5,000원

※ 잘못된 책은 바꿔 드립니다.

ISBN 89-5658-189-4
ISBN 89-5658-188-6(세트)

31 선우 명수필선

정미소 풍경

구활 수필선

선우미디어

작가의 말

중국의 한소공이란 소설가가 쓴 '마교사전'에 나오는 한 구절을 읽고 몇 며칠 속이 쓰리고 아팠다. 타향에서 시집살이를 하던 누나가 가난한 장애자 남동생을 찾아와 몸을 주려 한 이야기다. 작은 방에서 춘정을 못 이겨 울고 있는 동생에게 이렇게 말한다. "아예 모르는 사람이라 생각하고 한 번만이라도 여자의 맛을 느껴보렴." 동생은 그 말을 듣는 순간 문을 박차고 비바람 속으로 사라졌다. 사람의 심성(心性)은 참으로 묘한 것이다.

운문사 스님이 올 들어 세 번째 좋은 차를 보내 주셨다. 하얀 차 사발에 담긴 녹차 색깔을 볼 때마다 부끄럽다. 이런 명차를 마시기엔 너무 부족하기 때문이다. 세 번째 차는 '똘감잎새차'인데 차마 봉지를 뜯지 못하고 있다. 먼저 온 차와 비교하여 자칫 혀끝이 편애하는 대란이 일어날까봐 이를 경계하기 위함이다. 사람에게 심성이 있는 것과 같이 풀에도 초성(草性)이 있다고 믿기 때문이다. 작은 일이 어긋나면 가슴 아프긴 마찬가지다.

처음으로 쓴 수필이 문학잡지에 실리자 책 한 권을 내고 싶은 욕심이 생겼다. 날이 가고 해가 가고 책의 숫자가 늘어나자 선집 한 권을 꼭 묶어내고 싶었다. 그 꿈이 이십사 년만인 오늘 이뤄졌다. 기쁘기 한량없지만 내려갈 일이 막막하다.

그런데 잠깐. 선집에 실린 삼십여 편의 글들은 본선에 진출한 선수마냥 으스대는데 이런저런 이유로 선에 들지 못한 나머지 글들은 토라져 고개를 들지 못하고 있다. 글에도 문성(文性)이 있다는 걸 원고를 넘겨 줄 때까지 몰랐던 건 순전히 나의 불찰이다. 미안하다.

좀체 넘어지지 않던 '선우미디어'는 맘속으로 스무 번(?)만에 찍어 넘긴 이 세상에 몇 안 되는 나무다. 아주 좋은 나무다. 주인 이선우 님께 와인 한 잔 따르고 싶다. 고맙고 고맙다.

2008. 7.
구활

차례

3부 에로스의 문턱을 넘지 못하고

1
소금광산에서 만난 소녀

소금광산에서 만난 소녀

동유럽 여행 사흘째 되는 날. 폴란드 비엘리츠카 소금광산 앞에서 한 소녀를 만났다. 소녀는 주말을 맞아 소풍과 견학을 겸해 이곳에 온 것 같았다. 또래들이 이십 여명쯤 되었고 인솔교사 두엇이 아이들의 엇길 행동을 막으면서 광산 입장 수속을 밟고 있었다.

유네스코 세계문화유산으로 지정 받은 소금광산은 그 규모와 명성이 세상에 알려지면서 관광객들이 넘쳐나 주말 입장에는 평균 두 시간은 족히 기다려야 했다. 기다림의 시간은 항상 지루하고 초조한 법. 의자에 앉아 책을 읽고 있는데 햇빛을 막아서는 검은 실루엣이 책장 위에 장막을 친 것 같이 갑자기 어두워졌다. 소녀의 작은 몸집이 태양을 가린 것이다. 치어다보니 소녀의 얼굴은 역광 속에서 흐릿했지만 햇살을 받아 옅은 황금색으로 빛나는 갈색 머리카락은 눈이 부셨다.

소녀는 말없이 내 발 밑을 손가락으로 가리켰다. 아주 작은 폴란드 동전 한 닢이 때구르르 굴러와 신발 옆에 떨어져 있었다. "내가 떨어뜨린 동전을 주워 갔으면 좋겠는데 혹시 실례가 되지 않을까요"란 뜻을 손가락을 시켜 그렇게 말하고 있었다.

'수화는 농아들끼리의 전용 언어인 줄 알았는데 이방인들간의 대화 수단으로 이렇게 유용한 것이구나.' 생각하며 동전을 집어주며 입가로 연한 미소를 흘렸다. 소녀는 궁중의 인사법인 무릎을 약간 꾸부리며 고개를 까딱하는 웃음으로 화답했다. 그러곤 저희들끼리 동전 뺏기 놀이에 온정신을 팔고 있었다.

소녀는 값비싼 옷을 입지도, 유명 브랜드 신발을 신지도 않았으며, 머리 모양도 평범하고 단순했다. 그러나 얼굴 중에서 특히 눈매에서 뿜어 나오는 신선한 기운은 사람을 끌어들이는 묘한 매력을 발산하고 있었다.

그러니까 아까 동전을 집어줄 때 소녀가 보여주었던 중세 유럽식 배꼽인사는 산뜻한 용모에 사람됨이 플러스알파로 작용하여 후한 점수를 따고 있었다. 나는 나도 모르는 사이에 소녀를 왕족 내지 귀족의 반열에 올려놓고 있었다.

소녀와의 예기치 않았던 조우의 순간부터 나의 턱없는 상상이 나래를 폈다. 소녀의 청순한 이미지를 오드리 헵번에 견주어 보았다. 「녹색의 장원」이란 영화 속의 주인공으로 가상 출연시켜보니 이곳은 소금광산일 뿐 숲 속이 아니기 때문에 배역이 걸맞지 않았다.

생각을 고쳐먹고 로마 거리 여기저기를 쏘다니는 「로마의 휴일」이란 영화의 주연 배우로 발탁하여 머릿속에서 신나게 돌아가는 필름 속에 살짝 밀어 넣어 보았다. 소녀는 어느 왕국의 공주로 분한 영락없는 오드리 헵번이었다. 소녀를 앤 공주로 만들고 나니 나는 자동적으로 특종기사를 찾아다니는 아메리칸 신문의 죠 브레들리 기자(그레고리 펙)가 되어 있었다.

그러한 잠시 소녀는 동전을 빼앗기지 않으려고 안간힘을 쓰다 다른 아이가 힘껏 밀치는 바람에 내가 앉아 있는 곳까지

떠밀려와 엉덩방아를 찧었다. 소녀는 내 손을 잡고 일어나면서 어색한 웃음을 웃었다. 나는 폴란드어가 아닌 영어로 몇 살이냐고 물었다. 이심전심은 쉽게 통하는 법. 소녀는 내 말을 얼른 알아듣고 양쪽 손가락 열 개를 활짝 펼쳐 보였다.

소녀의 그러는 모습이 하도 천진난만하여 친근의 표시로 무엇을 주고 싶었다. 호주머니에 손을 넣어보니 줄 것이라곤 아무 것도 없었다. 그들의 동전놀이에 도움이 될까 싶어 1유로짜리 동전 한 개(우리 돈 1300원)를 또래들이 눈치 채지 못하도록 손안에 꼭 쥐어 주었다. 그러고 나서 메모를 위해 갖고 다니던 파커 볼펜을 윗저고리 포켓에 꽂아주니 영화 속 트레비 분수 앞에서 보여주던 오드리 헵번의 해맑은 미소가 소녀의 얼굴에서 금세 피어올랐다.

소녀 일행의 광산 입장 서열은 우리보다 빨랐다. 인솔교사가 무어라고 큰소리로 말하자 놀이에 빠져있던 아이들이 두 줄로 늘어서기 시작했다. 소녀는 선생님에게 무어라고 속삭이더니 약간의 말미를 얻어 내 곁으로 뛰어 왔다. 소녀는 나의 메모수첩을 빼앗듯이 받아들고 빈 종이에 방금 받은 볼펜으로 'Kathe'라고 썼다. 내가 아주 낮은 목소리로 "카테가 네 이름이니, 카테야…" 하고 불렀더니 생긋이 웃으며 고개를 끄덕였다.

소녀는 우리의 '짧은 만남'에 이은 '빠른 헤어짐'을 아쉬워하듯 힐끗 한번 돌아보고는 소금 광산 안으로 뛰어 들어갔다. 이삼십 분 뒤 우리 차례가 왔다. 삼백칠십여섯 개의 통나무 계단을 걸어 지하 64m까지 내려가니 소금 광산의 갱도가 서서히 모습을 드러내고 있었다.

2.5km나 되는 코스를 돌며 1493년에 이곳을 방문한 지동설

의 주창자인 니콜라우스 코페르니쿠스가 지구의를 들고 있는 소금덩이 조각상을 만날 수 있었다. 그리고 이곳 광산의 인부로 일하던 아마추어 조각가들이 조성한 대성당에 들어서자 나도 모르게 감탄사 대신 기도가 터져 나왔다. "오 하나님 아버지. 당신의 천지창조 이후 인간이 만든 새로운 천지가 대성당으로 태어나 여기 펼쳐져 있습니다. 아멘."

소금 광산 관광이 거의 끝나갈 무렵에 간이식당과 매점이 줄지어 늘어서 있는 넓은 광장이 나타났다. 나는 그 동안 구경에 정신이 팔려 나보다 앞서 들어간 소녀를 까맣게 잊고 있었다. 이곳에 들어서니 영화 「로마의 휴일」에서 보았던 광장 끝에 있는 거짓말하는 사람이 손을 넣으면 손이 빠지지 않는다는 '진실의 입'이란 입을 크게 벌리고 있는 부조상이 생각났다.

혹시나 싶어 사방을 두리번거리며 돌아보았다. 텔레파시 비슷한 어떤 강렬한 에너지가 나의 뒷덜미를 강하게 끌어당기는 것 같았다. 아니나 다를까 한갓진 구석에서 소녀 일행이 우리나라의 컵 라면 비슷한 음식들을 먹고 있었다. 나는 우리 일행의 줄에서 빠져 나와 조심스럽게 소녀의 꼬마 친구들이 있는 쪽으로 가보았다.

'카테'가 국수를 건져 먹다 말고 나를 발견한 모양이었다. 처음에는 포크를 쥔 손으로 아는 체를 하더니 '안 되겠다' 싶었던지 그걸 테이블 위에 놓고 나에게 뛰어와 내 오른손을 잡고 뭐라 뭐라 폴란드 말로 지껄였다. 나는 알아듣지는 못했지만 머리를 쓰다듬어 주는 것으로 대답을 대신했다.

"오냐 오냐, 그래그래."

'소망의 벽' 앞에서 "사랑을 하기엔 하루는 너무 짧아요"라며 아쉬워하던 영화 속 공주가 생각났다. 이어 영화의 끝 장면이 떠올랐다. 기자는 이렇게 물었다. "이번 여행 중 가장 인상 깊었던 곳은 어디였습니까?" 앤 공주가 대답했다. "로마였습니다. 아마 죽는 날까지 잊지 못할 겁니다."

곰국 한 그릇

닷새장이 서는 장날, 고향에 간다. 4일과 9일. 내 고향 하양 장날이다. 거랑(川) 옆 적당한 곳에 차를 세우고 둑길을 따라 천천히 걸어 들어간다. 둑길 양쪽에는 오만 것들이 질펀하게 늘려 있다. 봄이면 남새밭에서 갓 나온 푸새들이 입맛을 돋우고, 가을이면 호박오가리 무말랭이와 고추튀각 그리고 찐쌀까지 보기만 해도 부자가 된 느낌이다.

신나는 눈요기 꺼리는 붉은 고무통들이 삼열 횡대로 줄지어져 있는 민물고기 가게. 마치 내가 잡은 것들을 펼쳐놓은 것 같이 저절로 신이 난다. 그런데 자세히 살펴보면 강이나 못에서 잡아 온 자연산이 아니라 사료로 키운 양식 물고기여서 눈으로만 즐긴다. 세월이 흘러 시속이 바뀌었으니 어쩔 도리가 없다.

고향 장터를 찾아갈 때마다 태어난 강을 죽을 때 찾아가는 연어 같다는 생각이 든다. 실향민을 생각하면 고향을 가깝게 갖고 있다는 것이 얼마나 큰 기쁨이고 행복인지 정말 다행스럽다. 내 어깨를 스치고 지나가는 촌로들에게 "장에 나오셨습니까?" 하고 머리 숙여 인사라도 하고 싶고 어디 주막으로 모셔가 막걸리라도 한 잔 대접하고 싶다. 그래, 정말이지 고향만큼 좋은 게 또 있으려고.

어물전 맨 끝 집 돔배기를 전문으로 파는 가게로 간다. "어르신 그 동안 잘 지내셨습니까?" "어서 오소. 오랜만에 나오셨네." 이렇게 대충 인사를 나누고 영감님이 이것저것 골라준 것들을 사들고 돌아선다. 우리 집은 제사를 모시지 않기 때문에 돔배기를 살 때도 제수용으로 팔려 나가고 남은 허드레 고기만을 골라 산다. 돔배기 중에서도 '양제기'라고 부르는 귀상어 고기가 색깔은 좀 검어도 맛은 일품이다. 운 좋게 '양제기'의 뱃살 부분을 헐값에 사는 날은 그야말로 횡재한 기분이다. 「고향의 봄」이 휘파람으로 저절로 나오는 날이다.

이렇게 장터를 한 바퀴 돌면 한두 시간은 후딱 지나간다. 이것저것 허드레 잡동사니 물건들의 무게가 허기를 재는 저울의 눈금인지 뱃속에서 꼬르륵 소리가 난다. 고향 장터에 오면 으레 들러 요기를 하는 곰국집이 저만치 기다리고 있다. '할매 곰국집.' 허리를 구십 도쯤 숙여 들어가면 땟국이 자르르 흐르는 기역자 목판이 펼쳐져 있다. 다섯 사람만 쪼그리고 앉아도 만원이다.

곰국에 국수를 말아주면 삼천 원, 밥을 별도로 주면 사천 원. "잘 오소" 할매는 누구에게나 '오소'다. 정이 담겨 있는 구수한 반말이 국맛을 낸다. 나같이 키 큰 사람이 키대로 일어서다가 양철 천장을 받기라도 한다면 덕지덕지 붙어 있는 그을음이 한 웅큼 떨어질 것 판이다. 몸집이 뚱뚱한 할매는 걷는 법이 없다. 앉아서 엉덩이로만 걷는다. "하양장 하고 금호장 하고 이틀 장만 보는데 이것도 되서 몬해 묵겠다." 일흔 중반을 넘은 할매의 푸념을 듣고 있노라니 옛날 생각이 나게 하는 곰국집도 문 닫을 날이 멀지 않은 것 같아 갑자기 처연해 진다.

나는 이곳에서 태어나 중학 입시를 보기 위해 처음으로 대구라는 도시에 나가 보았다. 그 날 농사일을 잠시 덮어두고 옥양목 치마저고리를 곱게 차려 입은 어머니도 함께 따라 나섰다. 경쟁이 심한 1차 시험이었다. 답안지에 답을 쓴 품으로 보아 도저히 합격될 것 같지 않았다. 어머니에게 미안하고 자신에게 부끄러웠다.

시험을 마치고 방천 둑길을 따라 오다가 어머니는 방천시장 안의 곰국 집으로 나를 데려갔다. 두 모자가 달랑 곰국 한 그릇만 시켰다. 어머니는 곰국 그릇을 내 앞으로 밀쳐 주셨고 당신은 맨밥 몇 술을 뜨다 말고 숟가락을 놓았다. 답안도 잘못 쓴 주제에 밥맛이 있을 리 없었다. 곰국을 반쯤 먹다 나도 숟가락을 놓고 말았다. "아이구, 효자데이. 어미 밥걱정을 해서 반도 안 먹고 숟가락을 놓네." 곰국집 주인은 곰국 국물에 밥을 한술 말아 어머니에게 내밀며 "효자 났구마"라는 말로 어머니의 가난을 위로해 주었다.

나는 가난이 싫었고 남루가 싫었다. 돈이 없으면 차라리 굶을 일이지 둘이서 밥 한 그릇만 시키는 궁상도 싫었고, 국물에 밥을 말아 주는 곰국집 주인의 호의도 싫었다. 자존심 상하는 일이었다. 중학 진학도 싫었고 도시도 싫었고 곰국도 싫었다. 모두가 싫었다. 죽고 싶었다. 그러나 어쩔 수 없었다.

어머니의 보신 일 순위는 곰국이었다. 집에서 닭을 키우는 것도 우리 오남매의 몸보신을 위한 것이었다. 키우던 개도 잡아 고음을 했으며 모든 동물은 고음 솥에 넣어 삶아야 직성이 풀리는 어머니였다. 어머니의 그런 극성이 영양실조를 면하게 해주는 최선책이었으리라. 어머니와 함께 방천시장에서 곰국을 먹고 온 다음 날 나는 심한 설사를 했다. 시험을 잘못

치른 불안감과 일 인분을 시킨 궁상 그리고 자존심의 훼손 등이 복합적 배탈을 일으킨 것 같았다. 나는 그 일이 있고 난 다음부터 쇠고기 곰국은 먹지 않았다. 쇠고기 곰국은 생각만 해도 그때의 가난이 떠올라 진저리나게 싫었다.

사람은 참으로 간사하다. 어렵사리 대학을 졸업한 후 군복무를 마치고 직장을 얻었다. 언론계라는 것이 별로 생산적이진 못해도 먹고 마시는 것 하나는 여느 직업보다 푸근한 동네다. 동료들과 어울려 도가니탕이니 꼬리곰탕이니 우랑탕 집 등을 다니다 보니 그게 모두 곰국의 변형이었다. 진저리나게 싫었던 곰국 집을 제 발로 찾아다니는 꼴이 됐다.

그쯤 되고 보니 옛날 어머니와 함께 가 둘이서 일 인분을 시켜 기역자 목판 앞에서 쪼그리고 먹던 그 곰국이 먹고 싶었다. 퇴근길에 방천시장엘 가보았지만 차일을 치고 목판을 벌여 놓은 곰국 집은 어디에도 없었다. 시골로 취재를 갈 땐 눈에 장터 풍경이 보이기만 하면 그냥 지나치지 않았다. 점심때가 조금 일러도 곰국을 시켜 먹었고, 점심을 먹었어도 새참 삼아 먹기도 했다. 그러나 그것도 옛일. 시골 장터의 목판 곰국 집들은 하나 둘 씩 사라져 지금은 찾아 볼 수가 없다. 그러니 고향에 덩그러니 홀로 남은 그을음투성이의 할매 곰국집이 내겐 얼마나 소중한 추억의 집이랴.

어머니와 함께 고향 장터의 곰국 집에 가보고 싶다. 그 날 방천시장에서의 남루와 궁상을 이야기하면서 눈물 한 줄금 흘리고 싶다. 그러나 어머니는 산으로 올라가신 후 아무 소식이 없다. 설이 오기 전에 어머니의 묘소에 가 '곰국 한 그릇' 얘기를 하면서 한바탕 웃겨 드려야겠다.

안짱다리 암탉

유년의 기억 중에서 좀처럼 지워지지 않는 것이 더러 있다. 그것은 나이가 들고 해가 갈수록 더욱 선연하게 피어나 바로 어제 있었던 일처럼 느껴진다. 기억을 찍을 수 있는 사진기가 있다면 노출과 거리, 그리고 구도까지 딱 맞아떨어지는 정말 근사한 흑백 사진을 뽑아낼 수 있을 것 같다.

내 기억의 언저리에는 닭 한 마리가 늘 서성이고 있다. 가슴팍에 상처가 나 있는 암탉. 그러면서 새끼 병아리들을 위해 헌신하는 모습의 암탉 한 마리가 지울 수 없는 상(像)으로 망막 속에서 어른거리고 있다.

그 암탉은 초등학교 삼사 학년 때쯤 우리 집에서 기르던 여러 마리의 닭 중의 한 마리다. 꽃샘추위까지 다 물러간 어느 봄날, 암탉은 짚동 사이에 놓여 있던 봉태기 속에 알 몇 개를 낳아 품고 있었다.

닭 한 마리도 재산이었던 시절이니 만큼 어머니는 "또 닭이 알을 품는구나. 이번 여름에는 식구가 많이 늘어나겠네." 하시는 음성 속에는 기쁨과 희망이 묻어 있었다.

그러던 어느 날 밤, 알을 품고 있던 암탉이 하늘이 찢어질 듯한 비명을 질러 댔다. 어머니는 "구렁이가 알을 집어먹나, 한번 나가봐라"고 말씀하셨다.

잠이 엉겨 붙어 있는 눈을 비비며 부엌 앞 바람막이 짚동이 놓여 있는 곳으로 가니 인기척에 놀란 쥐 한 마리가 봉태기 속을 빠져 나와 쏜살같이 달아나 버렸다. 암탉은 쥐에게 가슴팍 살점을 뜯어 먹히고 있다가 도저히 못 참을 지경에 이르러 "죽겠다"는 비명을 질러댄 것 같았다.

한밤중에 응급환자가 생긴 우리 집은 지쳐 널브러져 있는 암탉의 가슴에 머큐롬 액을 바르고 다이아진 가루를 뿌리는 등 부산을 떨었다. 다행히 암탉은 죽지 않았다. 봉태기는 그날 밤부터 방으로 옮겨졌다. 암탉은 상처의 아픔을 생성중인 생명의 신비로 인내하며 결국 다섯 마리의 병아리를 알에서 깨워 내는 데 성공했다.

아마 암탉은 가슴팍을 파고드는 쥐새끼가 알에서 갓 깨어난 병아리인 줄 착각하고 새 생명을 얻었다는 환희 속에 그걸 보듬고 있다가 변을 당했나 보다. 사고를 당한 후 암탉은 걸음걸이가 부자유스러웠다. 병아리들에게 모이를 찾아주는 일이 힘에 겨운 듯했다. 그때마다 어머니는 싸라기가 섞인 등겨를 뿌려 주시면서 "우째 니 신세나 내 신세나 똑 같노" 혼잣말로 중얼거리시곤 했다.

그것은 위로 딸 셋과 아들 둘 중 내 동생인 막내가 태어난 지 오십팔 일 만에 훌쩍 세상을 떠난 아버지를 간접으로 원망하는 그런 말투였다. 삶 자체가 힘겹고 세파를 헤쳐 나가는 어려움은 어머니나 암탉이나 마찬가진 듯했다. 어머니의 아이들 학비 걱정이나 상처 입은 암탉의 모이 걱정은 그게 그거였다.

어머니는 그 암탉을 같은 처지에 있는 측은한 아랫동서쯤으로 여기시는 것 같았다. 주일 낮 어머니가 교회에서 늦게 돌아오면 암탉은 마치 기다리고 있었다는 듯 무어라 소리를 지르면 "그래 알았다. 새끼들이 굶었다는 말이구나." 하시며 싸래기를 듬뿍 흩쳐 주셨다.

그때 어머니의 눈에는 암탉 주위에서 "삐악 삐악"하고 돌아다니는 병아리가 단순한 병아리로 보이지 않았을 것이다. 그것은 자신이 청상으로서 부양책임을 지고 있는 다섯 남매의 모습을 아장걸음 병아리들과 동질의 것으로 인식하는 의식 속의 찰나적 착시현상이 일어난 것이다.

그것은 어쩌면 홍차에 적신 마들렌 과자의 냄새에 이끌려 어린 시절로 시간여행을 떠나는 프랑스 작가 마르셀 프루스트의 『잃어버린 시간을 찾아서』란 작품에서 보여주는 '기억의 연결 작용'이 어머니를 순간적으로 사로잡은 것이리다. 그러니까 암탉 일가의 모습은 바로 가난과 외로움에 떨어야 하는 어머니가 이끄는 우리 가족들의 투영도였다. 그리고 어머니가 암탉 가족에게 바치는 정성과 위로는 자신을 위한 위무이거나 기도가 아니었을까.

암탉의 상처는 죄다 아물었지만 안짱다리 걸음은 고쳐지지 않았다. 그러나 병아리들은 건강했다. 어머니는 여름으로 접어들면서 약 병아리로 자라난 새끼들이 대견스러운 듯 "옳지 그래 장하다"며 연신 입 부조를 했으며 그 곁을 서성이는 암탉에겐 "그래, 너는 성공했구나, 성치 못한 몸으로 너는 일어섰구나." 하시며 부러워하셨다.

긴 장마가 끝나고 불볕더위가 계속되는 어느 날이었다. 어머니는 "더위 먹을라, 조심해라"란 당부를 나의 등교 길 어깨 위에 가볍게 얹어 주셨다. 수업을 마치고 동무들과 강에 나가 멱을 감고 지친 오후와 함께 집으로 돌아오자 어머니는 여느 날과는 달리 반갑게 맞아 주셨다. 그날 어머니의 닭 잡을 계획은 아침부터 준비되어 있었다. 아들의 '더위 먹음'을 미리 막아내기 위해선 안짱다리 암탉의 희생이 불가피했던 것이다.

"콧잔등에 땀 봐라" 하시면서 보릿짚이 순한 연기를 내며 타고 있는 양은솥을 열고 닭 곰국 한 그릇을 퍼다 주셨다. 깐마늘을 듬뿍 넣고 고은 곰국은 시장이 반찬이 아니라 정말 맛있었다. 똥집과 날개 그리고 닭다리 한 개를 마파람에 개 눈 감추듯 먹어 치웠다. 감나무 밑 살평상에 누워 하늘에 구름이 떠가는 모습을 보고 있을 때였다."

"야야, 그 닭 있제, 그 암탉을 안 잡았나."

그때 말씀 속의 '그 닭'은 어머니에게는 나름대로 의미가 있었겠지만 나는 듣는 순간 다섯 마리의 새끼 병아리들이 어미를 잃고 우왕좌왕하는 모습이 눈에 아른거려 슬픈 생각이 들었다. 그것은 어머니가 갑자기 돌아가신 후의 바로 우리들의 모습이었다. 어머니가 다섯 마리의 병아리를 보고 느낀 '기억의 연결 작용'이 바로 나에게로 전이된 것이다. 어머니는 "한 그릇 더 묵을래"라고 말씀하셨지만 나는 고개를 저었다.

세월이 흘러 내가 어머니의 그 때 그 나이쯤 되고 보니 "야야, 그 닭 있제, 그 안짱다리 암탉을 안 잡았나"의 의미를 우리 집 아이들이 알아차릴 것 같아 괜히 쑥스러운 생각이 든다.

양철지붕의 빗소리

빗소리를 듣고 싶다. 양철지붕을 때리는 타악기의 난타 같은 그런 빗소리가 듣고 싶다. 내 집은 공중누각처럼 하늘에 매달려 있어 지상에서 일어나는 소리를 들을 수 없다. 아파트 맨 꼭대기 층은 영원으로 이어지는 하늘과 가까워서 그런지 도대체 소리라곤 들리지 않는다. 그렇다고 천상의 소리라도 가깝게 들리면 좋으련만 그렇지도 않다.

겨울 한철 종탑 같은 이 꼭대기를 휘감아 때리는 바람소리는 기분이 나쁠 정도로 무섭지만 귀를 대고 가만히 들어보면 때론 아름답게 들릴 때도 있다. 바람은 휘파람소리를 내기도 하고 어떤 때는 울부짖기도 한다. 더러는 에밀리 브론테의 소설 『폭풍의 언덕』의 주인공인 히스클리프가 창밖에서 서성거릴 때 몰아치는 바람소리 같아 묘한 페이소스를 자아내기도 한다.

함석으로 지붕을 이은 이웃이라도 가깝게 있으면 잠 오지 않는 밤을 빗소리와 함께 할 수 있을 텐데 그것조차 쉽지 않다. 이웃집도 가까운 곳에 있지 않거니와 요즘은 양철지붕을 머리에 이고 있는 그런 집은 찾아보기조차 힘들다.

간밤 새벽녘 잠에서 깨어나니 봄비가 내리고 있었다. 베란다의 창문을 여니 봄비에 묻어있는 싱그러운 찬 기운이 얼굴

을 간질인다. 시원하고 상큼하다. 서재에 불을 켜고 수주 변영로의 「봄비」란 시를 찾아 입 속으로 읊조리다가 나중엔 아예 큰 소리로 읽는다. 이 밤중에 이런 호사를 혼자 즐기다니 이만한 사치가 어디 있으랴.

> 나즉하고 그윽하게 부르는 소리 있어/ 나아가 보니 아, 나아가 보니/ 이제는 젖빛 구름도 꽃의 입김도 자취 없고/ 다만 비둘기 발목만 붉히는 은실 같은 봄비만이/ 소리도 없이 근심 같이 나리누나/ 아, 안 올 사람 기다리는 나의 마음
>
> ― 「봄비」의 제3연

비는 힘이 없는지 창문을 두드리지도 못하고 소리 없이 흐르는 눈물처럼 그냥 내린다. 「봄비」라는 노래를 김추자 버전으로 듣고 싶은데 내겐 그런 음악이 없다. 정말이지, 양철지붕 아래서 봄비 내리는 소리를 들으며 '나를 울려 주는 봄비, 언제 까지 내리려나.'란 노래를 함께 들으면 얼마나 좋을까.

잠은 오지 않고 사위는 너무 조용하다. 갑자기 내 의식의 화면에 오드리 헵번의 얼굴이 나타난다. 빗물이 타고 내리는 창 앞에 서 있는 모습이다. 가만히 보니 「전쟁과 평화」란 영화의 한 장면인 것 같다. 그녀는 사랑하는 이를 전쟁터로 떠나보내고 빗속에서 눈물을 흘리며 울고 있다. 이윽고 독일의 명우 마리아 셸도 보인다. 어느 전쟁영화의 한 장면인 것 같다. 낡은 군화를 벗어 어깨에 걸치고 비 오는 진흙길을 맨발로 혼자 걸어가고 있다.

밤새 내린 봄비가 메마른 가슴에 이렇게 잃어버린 추억을 실어다 준 것은 분명 축복이다. 내 고향집은 초가삼간이다. 나는 추녀 끝에서 떨어지는 순한 낙숫물 소리를 듣고 자랐다. 비가 세차게 내리는 날은 이웃 엿 방의 양철지붕에서 들리는 빗소리가 하도 좋아 일부러 그 집 추녀 밑에 서서 빗소리를 들었다. 빗방울이 방울방울 떠내려가는 행렬 보기도 아울러 즐겼다.

그리고 비 오는 날의 군것질은 얼마나 아름다운 수작인가. 다행히 돈 몇 푼이 있어 갓 고아 낸 조청을 엿 방에서 살 수 있다면 그날은 행복의 파랑새를 손안에 쥔 날이다. 돈이 없으면 어머니의 성경책 갈피를 뒤져 다음 주일 연보할 돈을 빼낼 수 있다면 그것은 복권 당첨에 비할 바가 아니었다. 손에 쥐면 따끈따끈한 갈색 조청 맛의 유혹을 뿌리치지 못하고 성경

책 뒤지기와 때론 쌀독에 쌀 퍼내기 등 어머니가 몹시 싫어하는 짓을 비 오는 날이면 수시로 저질렀다. 오, 아름다운 날들의 추억이여.

삶이란,/ 버선처럼 뒤집어 볼수록 실밥이 많은 것/ 나는 수없이 양철 지붕을 두드리는 빗방울이었으나/ 실은, 두드렸으나 스며들지 못하고 사라진/ 빗소리였으나/ 보이지 않기 때문에/ 더 절실한 사랑이 나에게도 있었다./ 양철 지붕을 이해하려면/ 오래 빗소리를 들을 줄 알아야 한다./ 맨 처음 양철 지붕을 얹을 때/ 날아가지 않으려고/ 몸에 가장 많이 못 자국을 두른 양철이/ 그놈이 가장 많이 상처 입고/ 가장 많이 녹슬어 그렁거린다는 것을/ 너는 눈치 채야 한다."

—안도현의 시 「양철 지붕에 대하여」 중에서

봄비가 내리는 새벽녘, 빗소리를 들으며 시를 읽고 있으니 이런 복을 혼자 너무 누리는 것 같아 미안하고 송구스럽다. 이렇게 호사스런 「봄비」란 명품을 입고 걸치고 난리를 친다고 어느 누가 흉이나 보지 않을라나.

아무래도 안 되겠다 싶어 새벽잠을 깊이 자는 아내를 깨웠다. "여보, 창밖의 에어컨 박스 위에 양철 쪼가리 하나 얹어 놓고 양철지붕에 떨어지는 빗소리를 들으면 어떻겠소." 아내는 어이가 없는지 하품이 나오는 입을 한 손으로 막고 나머지 한 손으론 머리에 동그라미를 그리며 방으로 들어가 버렸다. "당신 요즘 맛이 좀 갔네요."란 말이 동그라미 속에 숨어 있었다. 제기랄.

정미소 풍경

폐허의 성처럼 버티고 서있는 낡은 정미소. 유령이 나올 것만 같은 정미소 앞을 지나칠 때면 마음 한구석이 찡해 온다. 헛간을 덮고 있던 지붕 한쪽은 날아가 비바람이 그냥 들어오고 다른 한쪽 지붕은 임시방편으로 색깔 다른 함석으로 덧 땜질해 두었지만 미풍에도 소리를 내는 박자가 제 멋 대로인 타악기로 변한 지 오래다.

두고 떠나온 고향이 못내 그리워 시골여행을 할 때마다 정미소 풍경이 눈에 들어오면 차를 세워 이곳저곳을 살펴보지만 윙윙거리며 돌아가는 생동감 있는 기계음은 들리지 않는다. 낟알을 주워 먹던 참새 떼도, 나락 가마니 속을 들락거리던 쥐들도 더 이상 먹을 게 없어 이사를 갔는지 사위는 적요롭기 그지없다.

그래도 햇볕만은 떨어져 나간 천정의 빈 공간을 타고 들어와 그늘이 범접할 수 없는 사각의 성을 이뤄 조을 듯 놀고 있다. 몇 마리의 거미가 떠나버린 주인으로부터 사글세라도 얻었는지 여기저기에 그물을 쳐놓고 쌀겨 속에서 깨어나는 나방이 걸리기를 기다리지만 그 세월 또한 지루하기 짝이 없다.

실고 간 나락이 쌀이 되어 나올 때까지 지루하게 기다렸던 기억이 너무나 선명한 정미소 앞마당은 생기라곤 전혀 없는 마른풀들의 모습만 어지럽다. 콜타르 칠한 송판때기에 좀처럼 잘라질 것 같지 않은 가위 그림을 곁들인 "소변금지"란 팻말은 빛바랜 잉크글씨처럼 희미하다. 모두 흘러간 세월 탓이다. 반쯤 쏟아진 기름병, 삭은 고무호스, 넘어져 뒹굴고 있는 드럼통, 빗물이 고여 있는 리어카 타이어, 녹슨 캐비닛과 수화기가 날아간 자석식 전화기 등은 고향을 잃어버린 빈 가슴에 그리움이 되어 다시 안긴다.

그리움이 사무치면 발걸음이 떨어지지 않는 법, 다시 한 바퀴 돌아본다. 먼데서 보면 지붕의 녹슨 함석은 빨건 페인트를 칠한 것같이 보기에는 멀쩡한데 뚫어진 구멍 사이론 햇빛이 별이 되어 쏟아진다. 연극 무대의 조명발 같은 그 빛 때문에 눈이 부시다. 그리운 사람이 그리운 만큼 눈이 부시다. 황토를 바른 흙벽은 속살이 떨어져 얼기설기 나무 꼬챙이들이 장기판 같고, 쇠사슬로 감아 큰 자물쇠를 채웠던 대문은 돌쩌귀가 빠져 더 이상 문이 아니다. 동네 개들도 오줌을 질금거리며 서서 들어간다.

이런 풍경은 추억을 건져 올리는 두레박이다. 아무리 퍼내도 마르지 않는 우물 속의 양철 두레박. 그래서 나는 이런 풍경을 사랑한다. 폐허의 성에는 성주가 없다. 성을 지키는 병사도 없다. 교대시간을 알리는 나팔소리도 없다. 나는 개의치 않는다. 낡은 정미소 앞에 서면 나도 모르는 새 과거로 옛날로 달리는 고물 트럭을 타고 고향마을에 빨리 내리고 싶어 안달하는 귀향객이 된다.

고향 사람들은 다리 옆 정미소를 서태근 방앗간이라 불렀다. 그러나 어머니는 그 방앗간을 "현자네 집"이라 불렀다. 그 말뜻 속엔 다분히 친근과 존경이 서려 있었다. 그 방앗간은

정미소 풍경

대한청년단 고향마을 책임자였던 서 씨가 빨갱이들에게 처형당해 시신마저 불태워진 후 미망인인 현자엄마가 딸 다섯을 데리고 힘겹게 정미소를 돌리고 있었다. 현자엄마는 어린 눈으로 봐도 얼굴엔 품위가, 말씀과 몸가짐에는 항상 고상한 기운이 감돌고 있었다.

어머니에게 있어서 현자네 집은 단순한 정미소가 아니었다. 우리 다섯 남매의 월사금을 빌리는 최후의 보루였다. 당시 어머니는 가난에서 하루 빨리 탈출하는 방법은 자녀들을 교육시켜 초등학교 교사로 만드는 길밖에 없다고 생각하신 모양이다. 어머니는 내보다 열 살 위인 큰 누님부터 둘째 셋째 누님까지 사범학교에 넣어 스무 살이 되기 전에 모두 초등학교 선생님으로 만들었다.

어머니의 판단은 너무나 정확했다. 그러나 논 몇 마지기뿐인 우리 집 형편으론 월사금이 항상 문제였다. 이웃, 일가친척, 금융조합 등에서 빌릴 수 있는 한도를 초과하면 현자네 집으로 가는 수밖에 없었다. 그러니까 그 정미소는 방앗간이 아니라 마이너스 통장으로 현금을 인출하는 마을금고였던 셈이다.

현자네 집에 다녀오는 날의 어머니 얼굴은 항상 밝았다. 카드깡이 아닌 가을농사를 담보로 빌려온 현금이지만 다섯 아이들이 선생님에게 더 이상 졸리지 않게 되었으니 그게 좋으신 모양이었다. 한번은 현자네 집에 다녀오신 어머니가 크게 상심하며 혼자 우셨다. 알고 보니 맏딸인 현자누님이 수녀원으로 들어간 후 그렇지 않아도 적적하던 참인데 현희라는 둘째가 농약 묻은 사과를 먹고 손쓸 겨를도 없이 숨졌다는 것이다. 어머니가 울기에 나도 따라 울었다. 혹시 월사금 빌릴 길이 막혀 학교에 영영 가지 못하게 되는 것은 아닌지 우선 그게 걱정이었다. 그래서 더 서럽게 울었다.

상처는 사랑의 손길로 어루만지면 빨리 치유된다고 한다. 그러나 고향을 그리워할 때마다 가슴이 아려오는 나의 상처는 덧나기만 할 뿐 나을 가망이 전혀 없다. 내 상처의 깊이도 모르면서 다른 목적지로 빨리 떠났으면 하고 은근하게 바라는 아내만 아니라면 이 정미소 앞마당의 마른 풀 위에 엎디어 소리 내어 울고 싶다. 동구 밖 길가에 내팽개치듯 버려져 있는 낡은 정미소. 각설이 음악 같이 누더기로 헤진 정미소 풍경 한 조각이 두고 떠나온 고향을 이토록 그립게 할 줄이야.

능금나무 불꽃

지난 초겨울 일이다. 사과 농사를 짓는 후배가 능금나무 장작 한 짐을 승용차 트렁크에 싣고 찾아 왔다. "형, 이 능금나무 장작으로 불을 때면 불꽃이 정말로 아름답습니다. 언제 시간이 나는 대로 불꽃 구경 한번 해 보세요." "미룰 것 없네. 내킨 김에 바로 산장으로 가서 장작불에 닭이나 한 마리 고아 먹어보세." 그 길로 팔공산 허리춤에 있는 친구 몇이서 공동으로 마련한 참샘골 산막(山幕)으로 올라갔다.

조금 전까지만 해도 울긋불긋 화려한 깃털의 수탉에게 총애를 받던 씨암탉이 옷을 벗고 자궁이랑 내장까지 깡그리 쏟아버린 그야말로 빈 몸으로 나와 앉았다. 무쇠 솥에는 벌써 물이 끓고 있었다. 불쏘시개에서 옮겨 붙은 능금나무 장작은 활활 잘도 타올랐다. "저 불꽃 좀 보세요. 세상에, 이렇게 아름답고 멋진 불꽃은 좀처럼 구경하기 어려울 겁니다." 그러고 보니 정말 불꽃의 색깔은 찬란했다.

불붙은 황토 아궁이에서는 "보남파초노주빨"로밖에 표현할 수 없는 오만 색깔의 불꽃들이 미국 라스베가스 벨라지오 호텔 연못 분수에서 음악에 맞춰 물줄기가 솟아오르듯 신나는 소리를 질러가며 튀어나온다. 장관이었다. 닭 한 마리를 고음하는 아궁이가 능금나무 불꽃 때문에 관객 두 사람을 초

대한 공연장으로 변하다니. 아궁이 속에서 불꽃들의 다양한 전개와 붉은 색에서 푸른색과 보라색으로 바뀌는 빠른 변환은 대규모 오케스트라를 거느린 볼쇼이 발레를 보는 것 같았다.

타는 불꽃에 몰입하다 보니 아궁이는 더 이상 아궁이가 아니었다. 엄청나게 큰 공연장의 무대였다. 후배와 나는 몽당빗자루 하나와 장작개비 한 개가 의자로 놓여 있는 아궁이 앞 객석에 앉아 불꽃 공연을 즐기고 있다. 구들장 밑으로 파고 들어가는 불꽃은 오케스트라를 어렴풋이 비추는 조명이며 노랑과 초록 그리고 빨강 꽃불이 내미는 날름거리는 혀는 빛이 아니라 내 귀에만 들리는 음을 따라 출렁거리는 율동이었다. 난생 처음 보는 불꽃 춤사위는 그야말로 감동이었다.

불꽃 향연. 황토 아궁이 속에서 이뤄지고 있는 백조의 군무를 이렇게 이름 붙이고 나니 더욱 근사했다. 아궁이 속의 불꽃들이 치열하게 웅성거리면 무쇠 솥은 수레에 짐을 잔뜩 실은 황소가 언덕길을 올라가면서 내 뿜는 콧김 같은 것을 연방 뿜어낸다. 이윽고 불길의 기운이 자지러지면 오케스트라의 선율도 가늘어진다. 화려한 불꽃들이 숯불로 이글거릴 때쯤 오데트와 오딜 역을 맡은 백조 두 마리가 오른쪽 무대 끝에서 발끝걸음으로 종종거리고 나와 공중에서 서너 바퀴를 도는 고난도의 푸에테 동작을 화려하게 구사하면서 지그프리트 왕자를 찾아 나선다. 연기를 내면서 타고 있던 능금나무 옹두리가 마지막 힘을 모아 불꽃을 뿜어 올리는 모양새는 타악기들이 지휘자의 지휘봉 끝을 향해 터지는 팡파르에 맞춘 듯하다. 이와 때를 같이한 금발의 러시아 백조들은 긴 팔과 다리를 평행으로 펼치며 날아오르기도 하고 불꽃이 이글거리는 수면

위에서 튀어 오르며 포말 비슷한 꽃 재를 날리고 있다.

「백조의 호수」가 끝나자 나도 모르게 일어나 박수를 쳤다. 휘익 휘익, 짝짜 짜짝 짝. 공연은 「호두까기 인형」으로 다시 이어진다. 내 귀에는 악기에서 울려 나오는 선율들이 온갖 풀들을 눕히는 바람의 파장처럼 밀려오고, 밀려온 음들은 뒤따라오는 다른 음들에게 제자리를 내주고 빠져나간다. 그러면 사랑의 후원자들이 보내온 선물들을 원생들에게 나눠주지 않고 벽장 속에 감춰버린 몹쓸 고아원 원장의 음흉한 얼굴이 클로즈업된다. 원장의 눈을 피해 벽장에서 나온 호두까기 인형은 이탈리아 대리석 바닥에 구슬이 떨어져 똑똑똑 굴러가는 소리를 내면서 주인공 클라라를 환상의 세계로 데려간다. 이럴 땐 능금나무 장작도 탁탁탁! 하고 불꽃을 날리며 맹렬한 기세로 타오른다.

2막이 시작되어 봉봉 왕자와 슈가 공주가 사탕과자 나라에서 멋진 발레를 선보이고 있는데 느닷없이 "불길이 이만하면 내장하고 똥집은 익었겠지요. 소금하고 참소주는 이리 갖고 올까요?" 라고 소리친다. 얼떨결에 "그러지 뭐"라고 대답하는 순간 공연장의 더 넓은 무대는 사라지고 황토 아궁이는 열기에 터져 버린 언청이 입술 같은 아궁이로 돌아와 있었다. 능금나무 장작이 타는 아궁이 앞에서 볼쇼이 발레를 구경한 것은 시간적으로는 찰나라고 해도 좋을 순간이었지만 그 감동이 오래 오래 유지되고 있는 걸 보면 느낌의 시간을 현실의 시간으로 계산할 수는 없을 것 같다.

"이젠 그만 때세요." 능금나무 불꽃 공연이 너무 너무 좋은데다 금방 익혀낸 똥집과 내장 안주가 또한 일품이었다. 두 관객은 아궁이 앞에 펑퍼져 앉아 닭 한 마리를 다 꺼내 먹을 때까지 소주잔을 주고받았다. 그런데도 별로 취하지 않았다. 공연은 대성공이었다.

싣고 간 능금나무 장작이 혹시 없어질까 봐 온갖 허드레 물건을 넣어두는 장 속에도 일부 숨겨두고 바깥 비밀 장소에 꽁꽁 감춰 두었다. 그러나 아무리 아껴도 한 해 겨울을 버티지 못했다. 비싼 공연 보러가다 길거리에서 티켓을 잃어버린 것 같이 허전하고 섭섭했다. 후배에게 "능금나무 장작 불꽃이 근사하던데 그걸 좀 더 구할 수 없겠느냐"고 통사정해도 "고목은 모두 베어버려 이젠 구할 수가 없는데요."라는 대답뿐이었다.

그 날 이후 나는 작은 꿈 하나를 키우고 있다. 언젠가, 아니야 언젠가가 아니라 그리 멀지 않은 장래에 내가 살고 있는 이 도시에서 가까운 곳에 내 단독 소유의 주거 공간을 마련하는 것이 바로 그것이다. 주택의 형태야 아무래도 상관이 없지만 다만 거실에는 아궁이를 개조한 벽난로라도 좋고, 그 벽난로가 황토 아궁이 모양을 하고 있어도 나는 전혀 개의치 않을 작정이다.

그래서 청도 창녕 청송 등 과수원이 폐원으로 변한 곳을 수소문하여 능금나무 장작을 확보하는 일을 서둘 것이다. 정말이지 능금나무 장작 한 트럭 정도만 추녀 밑에 쌓아놓을 수만 있다면 이 세상에서 아무 것도 부러울 게 없이 행복해질 수 있을 텐데….

능금나무 장작이 불꽃으로 활활 타고 있는 황토 아궁이 앞에서 나는 보리라. 그리고 즐기리라. 평생을 기다리며 그리움에 젖어 몸을 떨고 살아왔던 내 저리고 아팠던 생애를 보리라. 그러면서 그 취한 눈과 귀로 불꽃 향연에 어울리는 차이

코프스키의 음악을 듣고 볼쇼이 발레를 보면서 머지않아 닥쳐올 황혼을 정중히 맞으리라. 오, 정말. 그렇게 취할 수만 있다면….

산에서 운다

직장을 잃은 지 벌써 칠 개월이다. IMF 시대의 이직은 퇴직이라 하지 않고 퇴출이라 부른다. 퇴직 중에서도 정년퇴직이 아닌 명예퇴직까지도 타의적 요소가 전혀 없는 건 아니다. 그러나 퇴출이라 일컫는 정리 해고는 타인의 강제로 저질러지는 것으로써 당하는 사람의 입장에서 보면 가당치도 않는 날벼락인 셈이다.

그러니까 일 년 반 전 명예퇴직 제도가 도입되면서 많은 동료들이 숨쉴 여유 없이 잘려나갈 때 '겨울이 오면 봄이 멀지 않으리'란 P.B. 쉘리의 시구처럼 나의 목숨도 '불원'이란 단어 속에 함축되어 있음을 직감할 수 있었다. 그러나 막상 내게도 퇴출 결정이 내려지자 그저 멍해질 뿐 도대체 뭐가 뭔지 실감할 수 없었다.

삼십일 년 이 개월. 결코 짧은 세월은 아니다. 대학과 군복무를 마치고 수습기자로 시작한 언론계 생활이 이렇게 켜켜로 쌓인 나이테를 이루다니 내가 뒤돌아봐도 놀랍고 아득하다. 그러나 다만 한 가지, 평생의 업으로 생각해 온 이 직업을 타의로 물러나야 하는 현실이 안타까울 뿐이다.

실직 후의 나날은 괴로움 속에서도 빠르게 지나갔다. 아침에 일어나도 갈 곳이 없는 그야말로 '놀고먹는' 무의미의 일상은 힘들 정도로 생소했다. 퇴출을 위로하는 어느 술자리에서 수습기자 동기인 S형을 만났다. 내향적 성격이 짙은 그는 벌써 십여 년 전에 언론계를 떠나 외국생활, 특히 아프리카 쪽을 동경하는 헤르만 헤세 소설의 주인공 크눌프와 같은 삶을 살고 있었다. 그는 배가본드였다.

"활아, 직장을 떠나면 결국 혼자가 된데이. 홀로 산행을 이 년쯤 하고 나니 그때서야 나무와 산새들과 이야기를 할 수 있겠더라." S형의 고독한 경험담은 취기 속에서도 비수를 보는 듯한 섬뜩함을 느꼈다. "활아, 니는 성격도 활달하고 외향적이니까 홀로서기에는 오랜 세월이 걸릴끼다. 외로움에 지치고 지쳐야… 우짜겠노. 다른 방법이 없는기라." 얼굴을 물들이던 붉은 취기가 가셔지기 시작했다. 나는 긍정도 부정도 아닌 "그래?"라는 다소 의아를 섞은 애매함으로 말대꾸를 해주었다.

세월이 흘러갈수록 '혼자'라는 의미는 점차 외로움 쪽으로 기울기 시작했다. 퇴출이 통고되던 날 나는 폭풍우가 치고 있는 바다를 연상했다. 우선은 같이 뛰어내린 몇몇 동료들과 '퇴직금'이란 작은 널빤지를 부둥켜안고 동아리를 지우고 있으니 그래도 위안은 되었다. 그러나 바다의 두려움은 키를 넘는 파도나 살을 에는 추위가 아니라 하나씩 둘씩 동료들이 내 주변에서 멀어져 가는 외로움이란 걸 금방 느끼게 된다. 아직은 숲 속의 풀꽃들과 지저귀는 산새들과 능선을 타고 흐르는 바람이나 구름들에게 말을 걸 수가 없고 혼자라는 현실에 익숙하지는 못하다.

나는 여전히 외롭고 눈물 나도록 고독하다. S형의 말대로 이 년의 두 배나 아니면 그보다 몇 배의 시간이 지나도 숲 속에 떨어져 있는 햇볕 조각들과 한마디 얘기를 못 나눌지도 모른다. 아마 영원히 외로움의 올가미에서 벗어날 수 없을지도 모른다. 그래도 어쩌랴. 나는 참을 것이다. 인내로 이겨낼 수 없다면 울음으로서 그 빚을 갚을 것이다.

하찮은 미물인 개미나 개구리 등도 날씨가 음산하고 주위가 어지러워지면 장마가 질 걸 알고 만반의 준비를 한다. 그러나 만물의 영장인 사람은 불확실한 미래에 대한 막연한 기대 때문에 그 대비에는 번번이 실패하는 경우가 많다. 나 또한 명퇴든 해고든 어떤 형태의 떠남이라도 반드시 겪어야 한다는 걸 예견하지 않은 건 아니지만 막상 결정적 순간에 이르고 보니 나약해질 수밖에 없는 인간이라는 사실은 부인하지 못한다.

은퇴에 따르는 필수적인 준비는 물론 여러 가지 있으나 우선 경제력과 건강, 그리고 친구를 꼽을 수 있다. 나 역시 걱정을 앞세운 준비를 한다고 했지만 막상 당하고 보니 현실은 절벽이거나 벼랑이었다. 모든 것이 미진하다. 요즘은 '미물만도 못한 인간'이란 질책을 스스로에게 하곤 한다.

눈뜨면 산에 오를 준비를 한다. 아침에 일어나면 일터로 향하던 정열을 산으로 돌린 것이다. 산은 아늑하고 넉넉하여 마음이 편하기 때문에 외로움을 느끼는 사람이 갈 만한 곳으론 제격이다. 나는 고독 속에 함몰하여 무아가 일체를 이루지는 못했지만 머잖아 낮달과 보이지 않는 별들과도 교통할 수 있는 그런 아름다운 시간이 오리라고 믿는다.

즐겨 오르는 산 능선에는 나를 항상 기쁘게 맞아주는 산새 한 쌍이 있다. 내가 능선의 삼분의 이쯤 오를 때면 '앞산 듀엣'이라 명명한 '쩌저구새(?)'가 소나무 가지를 옮겨 다니며 노

앞산

래를 부른다. "쩌쩌구 쩌쩌구 쩌쩌구, 어쩌구 쩌쩌구 까르르" 수놈으로 보이는 새가 힘찬 테너로 선창을 하면 "어쩌구 쩌쩌구 어쩌구, 쩌쩌구 쩌쩌구 까르르" 암놈이 알토로 화답을 한다.

나는 이마의 땀을 훔치면서 쩌쩌구새들에게 말을 걸어 보지만 그들은 내 얘기는 받아주지 않는다. 쩌쩌구새는 그들의 놀이에만 열중하다가 어디론가 날아가 버리고 만다. 나는 아직 멀었구나. 역시 이방인이구나. 풀꽃들과 대화하고 산새들과 친구가 되려면 이 년은 더 걸린다더니 그게 정말이구나. 나는 쩌쩌구새들을 뒤로하고 힘겹게 산 능선을 오른다. 머리 속에는 '통하지 않는 대화'에 대한 의문뿐이다.

그래. 나는 도시의 때를 씻지 못했으며 모든 것에 대한 미련을 떨쳐버리지 못했음이다. 그러니까 자연 속에 있으면서 자연 속으로 빠져 들어가지 못하기 때문이다. 그날은 언제 올 것인가. 혼자 있어도 혼자라는 걸 느끼지 못하는 그날이 언제 올 것인가. 철저히 외로워졌을 때 바람과 구름에게도 내 마음을 띄워 보내고 풀꽃과 산새들로부터 위안을 받을 수 있는 그날은 언제 올 것인가.

아마 나는 불가능할 것이다. 사람은 부대끼며 살아야 하는 사회적 동물이기에 더욱 그러 하리라. 불가능의 끝에서 할 수 있는 유일한 일은 울어버리는 것밖에 없다는 것을 나는 안다. 나는 산에 갈 것이다. 그리고 산에서 울 것이다. 울다가 울다가 고독의 심연 속에서 헤어나지 못하면 산에서 죽어버릴 것이다.

목로주점의 악사

목로주점의 악사로 전락한 그 바이올리니스트를 십여 년 만에 만난 것은 참으로 우연이었다. 하루 일과를 마치고 동료들과 어울려 목로주점 여기저기를 돌아다니며 막걸리를 마시고 있을 때였다.

밀 창문이 드르륵하고 열리더니 낯익은 아주 낯익은 얼굴 하나가 꾀죄죄한 행색으로 주청 마루 밑에 서는 것이었다. 낡다 못해 해진 케이스에서 손때 묻어 반질반질 윤기 나는 바이올린을 꺼내 무엇인가 열심히 켜는 것이었다.

「솔베이지 송」「죽음의 찬가」 두 곡을 거푸 연주하곤 장승처럼 그대로 서 있기만 했다. 아무도 관심을 기울이는 사람이 없자 참다못한 주모가 그 바이올리니스트에게 다가갔다. 돈 몇 닢을 꺼내 주니까 아무 말 없이 바이올린을 챙겨 들고 나가 버리는 것이었다.

그때까지 나는 저 거리의 악사를 꼭이 어디에서 만났는지를 '혀끝에서만 맴도는 이름처럼' 술잔에 어리는 희미한 옛 기억을 더듬어 옛날로 옛날로 사뭇 달려가지 않을 수 없었다.

당시 내 나이 이십대 후반이었으니 회상의 언덕을 넘어 추억의 오솔길을 따라 단숨에 십 대로 접어들고 보니 우울한 바이올리니스트를 만나는 나는 검정색 교복을 입은 학생이 되어 있었다.

바이올리니스트는 우리가 '철학자' 아저씨라 불렀던 항상 죽음의 사신과 함께 거니는 듯 하던 바로 그 사람이었다. 고등학교를 다닐 때 나는 남산동 셋방에서 주로 살았다. 수돗물이 귀한 시절이어서 하학 후엔 계산동 천주교회 앞 공동수도에서 물 한 짐을 물지게로 지고 동산(東山)의 선교사집 붉은 벽돌 담장과 맞붙은 청 이끼 낀 높은 계단을 힘겹게 넘어와야 내가 맡은 하루의 소임이 끝나는 것이었다.

계단 중간쯤에 물통을 내려놓고 쉬고 있을 때면 거의 정확한 시각에 두툼한 노트를 끼고 있거나 바이올린을 든 그 아저씨가 무심코 우리 앞을 지나치곤 했었다. 그때 우린 별명 짓기를 좋아하는 나이어서 단번에 그를 '철학자'로 명명했었다.

아저씨는 계단을 오르내리면서도 거의 한 번도 활기에 넘쳐있는 모습은 보여 주지 않았다. 축 처진 어깨에 핏기 없는 얼굴, 무지개를 좇다 놓쳐 버린 소년의 절망하는 암울한 표정, 그것이 '철학자' 아저씨의 이미지였다.

"글쎄, 명문 집안의 아들로 태어나 일본의 우에노 음악학교에 다니다 실연당했다나 봐. 한때는 죽기를 작정했다는데 목숨이 모질어 그러지도 못하고 맨날 깽깽이를 울린다는 것이 윤심덕의 죽음의 찬가야."

과거라는 기억의 숲을 넘어 겨우 찾아낸 '철학자'가 '목로주점의 악사'로 변해온 얘기를 주모의 입을 통해 듣고 보니 그 바이올리니tm트를 갑자기 만나고 싶어졌다. 그날 이후 목로주점을 출근하다시피 했으나 항상 비껴 지나가는 행운의 여신처럼 그를 만날 수 없었다. 몇 달이 지나고 바쁜 일상에 쫓겨 잊어버릴 만하게 되었을 때 목로주점에서 비운의 바이올리니스트와 마주 앉는 행운을 얻었다.

"남산동에서 오래 살았지. 방세도 비싸지고 관절염이 도져서 높은 계단을 오르내리기가 힘들어 반야월로 거처를 옮겼지. 이놈만 들고 나서면 수제비라도 끓여서 호구는 하니까 걱정은 없는 셈이지."

그날 밤 '목로주점의 악사'는 나의 초대손님이 되어 주청마루 밑에 더 이상 서 있지 않아도 되었다. 악사에서 바이올리니스트로 다시 변신한 그는 솔로 주자가 되어 연습 없이 또 예정에 없는 즉흥 리사이틀을 갖게 되었다. 단골 연주곡 외에도 「지고이넬 바이젠」을 비롯하여 여러 가지 세레나데를 켠 후 끝으로 「울밑에 선 봉선화」를 자신의 신세처럼 울리고 나선 어둠 속으로 총총히 사라졌다.

그는 다시는 목로주점에 나타나지 않았다. 날로 쇠잔해지고 있는 그가 마지막 절규처럼 켜는 그 선율이 듣고 싶었지만 그날 밤이 마지막이었다. 아마 꺼져 가는 촛불이 임종 직전에 마지막 불꽃을 찬연히 피워 올리듯 그날 밤의 리사이틀이 고별연주였는지도 모를 일이다. 비가 오는 날이면 그 목로주점에 앉아 그를 기다린다. 그가 속으로 울면서 켜는 그 바이올린 소리를 다시 한 번 듣고 싶다.

풍류 별곡

강원도 동해 땅에 있는 삼화사 무릉계곡 흰 너럭바위 위에는 지워도 지워도 지워지지 않는 음각 글씨들이 바위를 덮고 있다. 풍류로 설명할 수밖에 없는 선인들의 일필휘지 명필들이 흘러가는 계류수를 베개처럼 베고 있는가 하면 풍류객에는 못 미친 어중간한 졸부들의 이름들이 낙서로 나뒹굴고 있다. 시대를 잘못 만나 불우한 생애를 살다 간 설잠 선사 매월당 김시습의 글씨도 있고, 조선 전기 4대 명필의 한 사람인 봉래 양사언의 "무릉선경 중대천석 두타동천(武陵仙境 中臺泉石 頭陀洞天)"이란 달필이 붓끝에서 방금 떨어져 나온 듯 싱싱하다.

삼화사로 들어가기 위해 이 계곡을 지나칠 때마다 대필을 들고 혼신의 힘을 들여 글씨를 쓰고 있는 옛 선비들의 모습이 떠오른다. 풍류의 극치, 사람이 다다를 수 있는 기운의 최정점에서 아마 글씨를 썼으리라. 주위에는 동료 선비들의 왁자한 웃음소리가 넘쳐나고 주기 또한 도를 지나쳐 술항아리가 여러 번 넘어졌으리라. 그리고 바위 옆 한 쪽에는 종들이 고기를 굽거나 부침개를 부치는 손놀림이 재빠르고 벌써 여러 차례 비워진 술독을 채우기 위해 아해놈은 저자거리로 술심부름을 다녀왔으리라.

사전에 나와 있는 풍류라는 낱말 만치 멋스럽고 넉넉한 것이 또 있으랴. 사랑이니 추억이니 하는 단어들도 물론 아름답고 소중한 것이지만 그 격이나 값은 풍류에는 미치지 못한다. 풍류는 점잔을 벗어나 난봉으로 들어가는 길목에 존재하는 것이지만 그렇게 속되지 않고 그렇다고 성스럽지도 않다. 그래서 중용이다.

풍류는 가난뱅이가 즐길 물건이 아니며 또 부자라고 쉽게 소유할 물건이 아니다. 풍류는 아주 소중한 것이어서 그 가치를 아는 사람만이 즐기고 소유할 수 있는 정말로 값진 것이다. 풍류는 가르침을 받아 배워지는 인문과학이나 자연과학 같은 당대에 이뤄지는 학문이 아니다. 그것은 어쩌면 피의 소리이기도 하고 끼의 맥박이기도 하고 나아가서 기질의 숨결이기도 하다. 풍류의 매체는 술이다. 술 없이는 풍류를 논할 수가 없다. 술은 시며 소설이며 수필이다. 풍류는 글씨며 그림이며 소리다. 술은 풍류를 묶어 싼 보자기다. 풍류와 술은 겉모양만 보지 말고 깊은 속을 들여다보아야 제 맛이 난다.

우리 풍류사에도 무릉계곡 흰 너럭바위 위에 새겨진 글씨처럼 지워도 지워도 지워지지 않을 역사적인 사건이 하나 있다. 이름하여 "백주 나체 승우사건"이 바로 그것. 이 이야기는 변영로의 명정 40년에 나오는 것으로 우리나라 풍류 사에 길이 남을 불후의 명작이다.

수주 변영로, 공초 오상순, 성재 이관구, 횡보 염상섭 등 네 사람이 당시 동아일보 편집국장 송진우에게 원고료 50원을 선불하여 성균관 뒤 사발정 약수터 부근에서 술을 마시고 대취하여 발가벗은 채 풀을 뜯고 있는 소를 타고 서울 시내로 진입한 사건이다. 필자인 수주조차 이 이야기를 필설난기라

고 말한바 있지만 풍류가 술을 만나면 영영세세 인구에 회자될 이야기꺼리를 만들어 내니 이것 또한 신기하고 고마운 일이 아닌가.

흰 너럭바위 위에 앉아 풍류를 즐기고 계시는 어른들에게 방해가 될 것 같아 이번 삼화사행은 자동차를 타고 바로 계곡으로 들어가지 않았다. 두타산 남쪽 기슭에 있는 댓재에서 내려 산길 오십 리를 일곱 시간 걸어 무릉계곡으로 내려갔다. 술 취한 어른들은 서둘러 하산 하셨는지 보이지 않고 너럭바위 위에는 서서히 어둠이 깔리고 있었다.

사발정 약수터에 나가

내 잠버릇은 좀 유별나다. 옆 사람의 잠을 설치도록 이를 갈거나 심한 잠꼬대를 하는 것은 아니다. 그렇다고 요란하게 몸부림을 치는 것은 더더욱 아니다. 그런데도 나와 한 방에서 잠을 자본 이들은 나의 잠버릇을 알고 웃기만 한다. 문제는 그러려니 하고 혼자 알고 있으면 될 터인데 주위 사람들에게 살짝 소문을 낸다는 사실이다.

잠을 잘 때는 속옷을 입고 잔다. 파자마는 한 번도 입어 본 적이 없지만 러닝셔츠와 팬티 정도는 입고 잔다. 그런데 자고 일어나면 분명 입고 잔 속옷들이 저절로 벗겨져 발밑에 처박혀 있다. 잠을 자고 있는 내가 그랬다고 할 수도 없고 그렇다고 내가 그러지 않았다고 말할 수도 없는 곤경에 처하고 만다.

여행을 함께 다니는 친구들이나 문화유산 답사를 같이 하는 동침 도반(道伴)들은 내 버릇을 오래 전부터 알고 있기에 크게 문제가 되진 않는다. 아내와 아이들도 마찬가지다. 이제는 모두 출가해 버린 아이들도 그들이 진짜 아이였을 적부터 아버지의 잠버릇을 익히 알고 있기 때문에 더 이상 뉴스가 되지 못한다.

그러나 외지에서 한 방에 십여 명이 함께 자야하는 몇 박

며칠의 세미나 또는 연찬회 같은 행사는 다소 곤궁스럽다. 지난해 여름, 통영에서 열린 어느 수필문학세미나에 참가하기 위해 일박이일 일정으로 출발하면서 "혹시 멜빵이 있으면 그걸 갖고 갔으면…" 하는 엉터리없는 생각을 한 적이 있다. 팬티에 멜빵을 걸고 "오늘 밤에는 제발 벗지 말자"고 다짐하는 내 모습을 상상하니 혼자 웃기가 아까울 정도였다.

발가벗고 자는 내 잠은 매우 유쾌하다. 거침이 없다. 덩달아 꿈도 무한 질주에 가까울 정도로 시원하고 찬란하다. 내 꿈은 주로 캠퍼스를 맴돌 뿐 그곳을 벗어나는 일이 거의 없다. 그리고 꿈속의 나는 시험 시간표와 시험 범위를 잊어 먹어 학점을 곧잘 놓치는 농땡이 학생이지만 그것을 걱정하고 근심하지는 않는다.

요즘은 한 수 더 떠 실오라기 하나 걸치지 않고 경북대 인문관 둔덕의 꽃시계 주변을 서성이는 꿈을 꾸곤 "이 나이에 무슨 주책인가"싶어 약간 부끄럽기도 하지만 통쾌하기도 하다. 이런 꿈에서 깨어날 때는 항상 아랫도리가 허전하다. 멜빵이 무용이다.

알몸으로 부끄러운 꿈에서 깨어난 나는 주섬주섬 속옷을 찾아 입고 허방다리를 짚어가며 서재로 건너간다. 부끄러움을 씻는 일은 내 보다 더 부끄러운 일을 저지른 윗대 어른들의 글을 읽는 일이다. 수주 변영로의 『명정 사십년』을 뽑아 든다.

"혜화동 우거(寓居)에서 지낼 때이었다."로 시작되는 「백주에 소를 타고」란 글은 나의 잠버릇이나 꿈 속 허물은 정말 아무 것도 아니다. 공초(오상순) 성제(이관구) 횡보(염상섭)를 비롯하여 필자인 수주까지 네 사람의 풍류객들이 사발정 약수터에서 대취하여 발가벗은 채 소를 타고 서울 시내로 진입하는 광경은 어느 전쟁 영화의 진군 장면 보다 훨씬 더 멋지다.

이들의 멋은 주머니가 비어 있는 가난한 문인들이 당시 동아일보 편집국장인 고하 송진우에게 좋은 원고를 써주기로 하고 오십 원이란 거금을 빌려 부자처럼 마셔 버린데 있다. 멋이란 정도(正道)를 걷는 과정에선 절대로 빚어질 수 없는 괴물 같은 존재이다.

멋은 밭을 갈던 황소가 주인의 "이랴! 워디로"란 꾸짖음을 무시하고 풀을 뜯기 위해 다른 이랑으로 헛발을 내디딜 때 비로소 발생하는 아주 귀한 물건이다. 사발정 약수터로 나간 풍류객들이 두둑한 주머니를 헐어 대취 후에 소등타기 음주운행(?)을 했다면 무슨 멋이 있을 것인가. 멋은 사랑처럼 저지르는 자의 몫이기도 하고 또한 전유물이기도 하다.

하룻밤 바커스(Bacchus)의 후예(後裔)들인지, 유명의 직손들인지는 몰라도 주도의 명인들이 내방하였다. 설사 주인이 불주객이란 데도 이런 경우를 당하여서는 별도리가 없었을 것은 거의 상식 문제인데, 주인이랍시고 나 역시 술 마시기로는 결코 그들에게 낙후되지 않는 처지로, 그야말로 불가무(不可無) 일배주(一杯酒)이었다.

딱한 노릇은 네 사람이 주머니를 다 털어도 불과 수삼 원, 그때 수삼 원이면 보통 주객인 경우에는 서너 명이 해갈(解渴)함직 하였으나 오배 사인에 한하여서는 그런 금액쯤은 유불여무(有不如無)였다. 나는 아무리 하여도 별로 시원한 책략이 없어 "궁(窮)하면 통한다."는 원리와는 다르다 해도 일개의 악

지혜(惡智慧)를 안출하였다. 동네에서 모인 집 사동(使童) 하나를 불러다가 몇 자 적어 화동 납작 집에 있던 동아일보사로 보내었다. 우리는 아이를 보내 놓고도 마음이 여간 조이지를 않았다. 혹, 거절을 당한다든지 하면 어찌나 함이었다.

마침내 보냈던 아이가 손에 답장을 들고 오는데 우리 4인의 시선은 약속이나 한 것같이 한군데로 집중되었다. 봉투 모양만 보아도 빈 것은 아니었다. 그 때만 해도 오십 원이면 대금이라 아무리 우리 넷이 술을 잘 먹는대도 선술집에 가서는 도저히 비진(費盡)시킬 수 없었던 반면에, 낮부터 요정에를 가서 서둘다가는 안심 안 될 정도였다.

오늘밤에는 아예 팬티랑 러닝셔츠는 벗어 던져 버리고 잠에 들자. 그러면 고운 꿈이 나를 서울 행 KTX 열차에 태워 사발정 약수터로 데려가 네 사람의 주선들을 만나게 해 주겠지. 그러면 공초나 수주 중에 어느 누가 "잘 오시게나. 우린 여기 와서 벗었는데 자네는 미리 벗고 오셨네."하고 말을 걸며 언치 놓은 소등에 나를 태워 술 좋고 안주 좋은 곳 어디론가 데려 가시겠지.

겨울밤 비가(悲歌)

그 해 겨울은 유난히 추웠다. 실직 후 처음으로 맞는 겨울은 그렇게 을씨년스러울 수가 없었다. 햇볕이 방 앞으로 찾아와도 갈 곳이 없었다. 벌써 삼십여 년 전의 일이다. 대학과 군복무를 마치고 견습기자로 입사해 마음 붙여 근무하던 신문사는 야당 기관지인 『민주전선』이란 신문을 몰래 찍어준 죄로 하루아침에 문을 닫아 버렸다. 박정희 정권의 철퇴가 바리때는 물론 공양숟갈까지 앗아가 버렸다.

처음 몇 개월간은 퇴직금 받아내기 농성대열에 참여도 하고 동병상련의 동료들과 어울려 밤마다 막걸리를 마시고 울분을 토했다. 날이 갈수록 가난한 주머니는 더욱 가난해져 택시만 타던 풋내기 기자의 시건방이 버스 타기로 내려앉았다.

동료들이 자주 모인다는 어느 사무실을 찾아가 풀죽은 어깨를 들이밀고 담배연기 속에서 동전 따먹기 '나이롱 뻥'을 하는 것이 유일한 소일거리였다. 기온이 영하로 떨어진 몹시 추운 어느 겨울밤 중앙로 주변의 판자촌을 헐어낸 공터에 임시로 세운 목로주점에서 K선배와 마주 앉아 안주 없는 막걸리를 여러 되 째를 거푸 비워내고 있었다.

"큰일 났네. 교통사고로 죽은 친구의 상가에 들러 봐야 하는데, 깜빡 잊었네." K선배는 마시던 술잔을 놓고 떠날 채비를 서두르기 시작했다.

"그가 누군데 그래요?"

"김 아무개라고 장사를 제법 참하게 했는데. 술을 마시고 오토바이를 타고 집으로 가다가 트럭에 받혀 즉사했대, 글쎄."

"그러면 나도 같이 가봐야겠네."

"당신은 그 사람을 모르잖아."

"이미 숨진 사람인데 알면 어떻고 모르면 어때요."

술기가 어느 정도 오른 나는 심심하던 차에 장난기가 발동하여 "빨리 일어나요" 하며 선배를 채근하여 남산동 남산초등학교 옆에 있는 상가까지 휘적휘적 걸어 올라갔다.

상가에는 젊은 미망인과 어린 아들 둘, 망인의 남동생이 상주의 전부였다. 비명횡사를 하면 망인이 거처하던 방에 시신을 들여놓을 수 없는지 관은 광목천에 싸여 백열등이 켜져 있는 마당의 차일 밑에 외롭게 놓여 있었다. 나는 마시던 술이 모자라 술이나 좀더 마실 요량으로 문상을 왔을 뿐인데 상가의 분위기는 직장 잃은 내 신세보다 더 처량하고 침통했다.

K선배는 대문 안으로 발을 들여놓기가 바쁘게 멍석 위에 놓여 있는 관을 끌어안고 "광주야, 이놈아, 광주야" 하고 진짜 목을 놓고 우는 것이었다. 그냥 장승처럼 서 있기가 거북한 나는 술도 얼큰한 김에 관을 붙들고 함께 울었다. 울어 보니 정말 울 만했다.

"야 이놈 광주야. 인제 가면 언제 오노." 적당한 사설까지 풀어먹이면서 오른손으로 관 뚜껑을 때리듯 두드리니 사설에 걸맞는 박자까지 이뤄져 신명이 절로 나면서 슬픔은 배가되었다. 아까 마셨던 막걸리의 뿌연 색깔이 몸속에서 한 바퀴 돌아 두 눈으로 샘솟듯 쏟아져 나오니 신기하게도 맑은 청주 같다는 생각이 들었다. 팔자에 없는 곡비(哭婢)가 된 셈이다.

나는 처음에는 고인을 위해 울다가 다음엔 미망인의 슬픔으로 울었고 그러다 보니 직업을 잃은 내 슬픔까지 밀려와 주체할 수 없는 눈물이 범벅을 이루었다. 한참 울다 보니 한 번도 만나 본 적이 없는 광주라는 친구는 생전에 아주 친했던 친구처럼 그렇게 다정하게 느껴질 수가 없었다.

내일을 걱정하며 조바심하는 실업자 둘이서 멍석 위에 펑퍼져 앉아 사설까지 늘어놓으며 한참 동안 울고 있으니 보다 못한 미망인과 상주들이 눈물도 닦지 못한 얼굴로 우리를 일으켜 세우는 것이었다. 묵은 한과 찌든 현실까지도 확 풀어버릴 정도로 울고 난 후에 마시는 막걸리는 어찌 그리도 시원한지. 나는 그곳이 낯모를 친구가 떠나버린 상가라는 사실도 잊어버린 채 "한 되 더!" 가져오란 신호인 주전자뚜껑을 계속 두드렸다.

문상을 마치고 자리를 뜨면서 우린 마당 어귀의 관을 부여잡고 다시 한 번 통곡하고 찬바람이 살 속으로 파고드는 황량한 겨울거리로 나섰다. 나는 지금도 알지 못한다. 그때 내가 왜 전혀 알지 못하는 친구의 주검 앞에서 섧디 섧게 울었는지를.

그것은 아마 오랜 실직의 고통으로 심신이 피로해진 육신을 잠시 낯모를 친구의 관속에 밀어 넣고 그래도 아직 살아 있는 영혼의 껍데기뿐인 내가 잠시 죽어 있는 나를 조문한 것은 혹시 아닐까?

"잘 가시게. 이 세상 소풍 끝났응께 가서 잘 쉬시게."

2 아버지를 만나는 강

아버지를 만나는 강

선친께서는 내가 네 살 되던 해, 바로 생일 저녁에 돌아가셨으니 얼굴조차 기억할 수가 없다. 내겐 주관적인 기억들이 전혀 남아 있지 않고 객관적이고 막연한 '아버지관'밖엔 없다. 그러나 아버지를 뚜렷한 하나의 상(像)으로 느낄 수는 없지만 잡히지 않는 환영으로 어렴풋이나마 그려낼 수는 있다.

그것은 태어나서 만 삼 년 동안 유아기의 의식으로 본 아버지란 실체의 모습이 아니라 내 몸 속에서 흐르는 피의 소리 때문이 아닌가 한다. 그 소리는 '아버지가 곧 나'라는 등식을 성립케 했고 나잇살이 들면서 내가 가진 속성의 이것저것을 아버지의 그것에 대입해 보면 그렇게 잘 맞아 떨어질 수가 없기 때문이다.

어린 시절 어머니는 나를 무릎 위에 앉혀 놓고 곧잘 아버지의 젊은 날 이야기를 들려주시곤 했다. "물고기를 참 잘 잡았지. 초망에 감물을 먹여 두었다가 봄부터 늦가을까지 강가에서 살았지. 투망질하는 날은 그 싱싱한 물고기를 한 양동이나 잡아 왔지 아마. 갓 결혼해서 저 영천 화산이란 데서 살 때야. 잡아온 물고기를 숯불에 구워 말려두면 겨울 밑반찬으로 맛이 희한했지. 한 때는 물고기 잡는 것에 싫증을 느껴 투망질로 뜸부기를 잡으러 다녔지. 잡아 온 기억은 없지만."

얘기가 깊어질수록 회한 섞인 넋두리로 곧잘 변하던 어머니의 음성을 통해서, 그릴 수 없는 아버지를 추상(追想)해 보고 나도 아버지라 불러 볼 남자어른이 있었으면 하는 막연한 그리움에 떨면서 유년시절을 보냈다. 그러나 실이 떨어진 연처럼 가뭇없이 사라진 아버지의 혼은 어린 나에게 눈짓 한번 해주지 않았다.

그 뒤에도 나는 아버지의 실체는커녕 허상조차 잡아볼 수 없었다. 편모와 위로 누나 셋이란 여인천하에서 고등학교를 졸업할 때까지 요강에 앉아 오줌 누는 버릇을 버리지 못한 시스터 보이로 자라났던 것이다.

웬일인가. 피의 부름인가. 스물다섯 살 때쯤 아버지의 젊은 날의 현장, 아버지의 혼이 떠돌고 있고 추억이 서려 있는 그 강가로 누가 부르지 않았는데도 달음질쳐 뛰어나가게 되었다.

아니나 다를까 내 손에는 깔깔하게 감물먹인 아버지의 초망대신 현대식 초망이 들려 있었고 피라미니 먹지니 물고기를 잡는다는 구실로 잃어버린 아버지의 추억과 이승을 그리워하는 혼을 부지런히 투망질로 건져내고 있었다.

그 땐 금호강이 오염되기 전이어서 고향인 하양(河陽)에서 영천 화산(花山)까지는 강물 또한 맑았고 잡히는 물고기는 아버지의 젊은 날처럼 싱싱하고 건강했다. 아버지의 허상조차 그릴 수 없던 내게 어느 날 갑자기 초망을 들게 하여 아버지의 젊은 날이 은비늘로 번득이는 강가로 불러낸 것은 허공을 떠도는 아버지의 목소리인지도 몰랐다.

흘러가는 강물 속을 투망질하여 아버지의 혼백과 추억을 건져내던 이십대 후반부터 십여 년 동안 서너 개의 초망을 물살에 찢기우고 나는 삶에 바빠 투망질을 마감해 버렸다. 그것은 부질없는 허망함일 뿐 아버지란 실체에의 접근이 아니기 때문이었다.

그런데 웬걸, 다시 십 년이 지난 오늘, 먼데서 부르는 들릴 듯 말 듯 한 소리에 귀가 열려 나는 아버지의 추억의 강으로 다시 달려 나가게 되었다. 오염된 금호강을 벗어나 상류 쪽으로 상류 쪽으로 거슬러 오르다 보니 영천 화산까지 올라오게 되었다.

거기에는 아버지의 젊은 날이 보다 싱싱한 기운으로 미루나무 가지에도 걸려 있고 이름 모를 풀꽃 사이에까지 질펀하게 널려 있었다. 주말 한 나절을 아버지의 혼백과 추억을 살림망 가득 건져내면 그리움과 일찍 세상을 떠난 데 따른 미움이 범벅이 되어 내 육신은 솜처럼 지쳐 버린다.

요즘 나는 초등학교 육학년인 막내를 데리고 화산으로 간다. 그의 아버지가 아버지를 만나는 현장까지 쫓아온 막내는 오랜 해후가 주는 피곤으로 내가 잠시 쉬고 있는 사이에 스스로 초망을 들고 강물 속으로 뛰어들곤 한다. 하염없이 강물을 바라보는 내 심사를 짐작하지 못한 채 투망질에 열심이다.

오, 피의 부름이여. 내 막내도 그의 할아버지의 떠도는 혼백이랑 추억들과 만나 이승의 안부를 묻고 대답하며 그렇게 물고기를 잡는 것일까. 덧없이 세월은 흐르고 시속은 변하건만 투망에 건져져 오르는 물고기는 예전과 변함이 없다.

소풍에 관한 서글픈 기억

소풍이나 수학여행을 떠올리면 금방 우울해 진다. 그것에 관해서 라면 아무 것도 들춰낼 게 없다. 나는 요즘도 친구들이 모이는 좌중에서 소풍이나 수학여행 중에 재미있었던 얘기들이 나오면 슬그머니 소변을 보러 가버리거나 딴청을 부려 불편한 분위기를 모면하는 경우가 왕왕 있다.

초등학교 육 학년 때 경주로 수학여행을 갔었다. 그 때는 내 보다 열 살 위인 큰누나가 우리 학교의 교사로 부임해 와 4학년 담임을 맡고 있었다. 여행 경비는 누나가 내줬는지 어쨌는지 기억에 없지만 내 호주머니에는 한 푼의 용돈도 없었다.

배정된 방의 급우들이 10전인지 10환인지를 추렴하여 눈깔사탕과 과자를 사먹기로 의논이 모아졌다. 그러나 나는 그 부담금을 낼 수 없었다. 그래서 할 수 없이 여선생님들이 묵고 있는 숙소로 찾아가 큰누나에게 돈 한 푼을 얻어 오는데 말로써 표현할 수 없을 정도의 부끄러움을 느꼈다. 사실 이런 이야기는 글로 쓰지 말았어야 하는데.

중학 시절의 수학여행은 이 학년 때 갔는지 삼 학년 때 갔는지 전혀 기억이 없다. 나는 가지 못했기 때문이다. 고등학교 때도 마찬가지였다. 학교 소유의 목장 관리를 맡고 있는 선생님은 수학여행을 가지 못하는 학생은 삼 일 동안 목장에 나와 현장 실습을 하고 관리 목부에게 출석 도장을 받아 제출하라는 엄명이 떨어졌다.

수학여행을 가지 못하는 것도 눈물나는 일인데 목장에서 노역까지 하라니 더욱 서러웠다. 그러나 거역할 수 없었다. 나를 비롯하여 가난한 친구 몇 명이 매일 아침 목장으로 등장(登場)하여 맛대가리 없는 삶은 물고구마로 점심을 때우고 물지개로 물을 길어 나르는 일을 하루 종일 해야 했다. 목부는 자신이 생물선생이나 된 것처럼 우리를 부려먹으면서 절대로 일찍 집으로 보내주는 실수는 범하지 않았다. 우리에게 하는 품으로 보아 아마 그는 평생 목부 신세를 면하지 못하고 일찍 죽었을 것이다. 정말 그럴 것이다.

나는 소풍에 대한 기억도 별로 없다. 초등학교 사 학년 때인가. 우리 집에서 시오리 정도 떨어져 있는 환성사에 소풍갔던 추억이 생생하게 머릿속에 남아 있을 뿐이다. 그 날 소풍은 우리 집 앞 공설운동장에서 모여 출발하기로 되어 있었다. 그런데 소풍 날 아침 나는 울면서 집을 나섰다. 떨어진 고무신을 새 신발로 바꿔 신을 기회를 놓친 채 소풍날을 맞고 말았다.

어머니의 주머니 형편을 모르는 건 아니지만 흐르는 눈물을 주체할 수 없었다. 그 날 아침 발뒤꿈치에 걸리지도 않는 떨어진 고무신을 신고 두 시간을 걸어야 하는 산길을 어떻게 걸어갔는지 통 기억이 나지 않는다. 다만 한 가지, 점심시간에 내 소풍 도시락을 선생님과 친구들이 보는 앞에서 펼칠 수가 없어 도망치듯 멀리 달아나 맨밥을 눈물에 말아먹었다.

답사를 시작하지 않았다면 환성사를 별 볼일 없는 사찰로

치부하고 평생을 살 뻔했다. 경북 경산시 하양읍 사기리 팔공산의 곁가지인 무학산(舞鶴山) 서록에 있는 환성사(環城寺)는 동화사를 창건한 심지왕사가 신라 흥덕왕 10년(835)에 세웠다. 주변 산이 절을 성처럼 둘러싼 형세가 고리를 이룬 것 같다하여 환성사라 했다.

환성사는 옛부터 영험 있는 절이었다. 수많은 신도들이 들락거렸기 때문에 엄청나게 큰 돌 시루를 만들어 콩나물을 키웠다고 한다. 고려 때 큰 스님 한 분이 이 절에 오셔서 다시 한번 절을 일으켜 세우셨다. 스님은 네 개의 돌기둥이 튼실하게 받치는 장대한 일주문도 세웠다고 한다.

절 앞에 큰 연못을 파고 그 옆에 누각을 세워 수월관(水月觀)이라 했다. 연못에 비친 달이 그지없이 아름다웠기 때문에 그런 이름을 헌상했나 보다. 스님은 "이 연못이 메워지면 절의 기운이 쇠하리라"란 한마디를 남기시고 입적하여 열반의 바다를 건너가셨다.

기우나 걱정은 앞으로 닥칠 환란의 예고편이기나 한 듯 연못은 조선조에 이르러 신도들이 몰려와 번거롭게 하는 것을 싫어하는 어느 주지스님에 의해 메워지고 만다. 연못을 메우기 위해 흙을 한 삽 퍼 넣자 못 속의 금송아지 한 마리가 슬피 울며 날아올라 인근 동화사 쪽으로 넘어가 버리고 말았다. 겨우 대웅전과 수월관만 남았으나 그로부터 밀려오던 신도들의 발길은 한산할 정도로 끊어지고 말았다.

지금도 환성사는 많은 신도들을 거느리지는 않는다. 산 속에 외롭다 싶을 정도로 앉아 있는 환성사는 그 동안 대웅전과 심검당이 해체 수리되는 과정에 다소 옛 모습은 잃었지만 다포계 초기 형식의 건물들이 그런대로 기품을 유지하고 있어

오르는 수고가 헛되지 않는다.

하양 장날(4일 9일)을 택해 환성사에 간다. 별로 달가워하지 않는 아내와 함께 환성사엘 간다. 옛날 헤진 고무신을 질질 끌며 걸어올라 갔던 '땅꼭만뎅이'라 불렀던 소풍길을 버리고 아스팔트와 시멘트 포장길이 혼합되어 있는 서사리를 거쳐 '사기짐이'(사기리)로 오른다. 아내는 내가 왜 하릴없이 느닷없는 시간에 환성사를 찾아가는지 그 속내를 모른다.

대웅전 앞마당에 서있는 심하게 변형되어 어울리지 않는 석탑 앞에 서니 애처롭다. 석탑은 기단부만 제 원형을 갖췄을 뿐 옥개석의 일부는 날아가거나 생략되어 난해시를 읽는 느낌이다. 아니다. 발뒤꿈치에 걸리지도 않는 다 떨어진 고무신을 신고 소풍 길에 나선 어릴 적 내 모습을 빼다 박은 듯이 닮아 있다.

일주문이 서있던 자리로 돌아오니 네 개의 돌기둥만 덩그러니 남아 있고 하늘은 온통 비어 있다. 있는 것보다 없는 것이 더 많은 환성사는 그래서 자유롭다. 돌아오는 길에 아내는 내게 물었다. "아무 의미 없이 환성사에는 왜 오자고 했어요."

나는 헤진 고무신을 끌고 두 시간을 걸어와 맨밥을 눈물에 말아먹은 서러움이 사무치는 이야기는 차마 들려줄 수 없었다. 나는 대답 대신에 이렇게 얼버무리고 말았다. "하양 장에 가서 돼지 국밥이나 한 그릇 먹읍시다. 오랜만에 막걸리도 한잔 하고"

숲 속의 새소리

새소리가 숲을 키운다. 옛날에는 나무와 풀꽃들이 저절로 자라 숲을 이루는 줄로만 알았다. 그런데 그게 아니었다. 과학을 배우고 보니 숲은 가꾸는 이의 손길보다는 하늘에 순응하는 자정능력으로 스스로 건강을 유지하고 있었다.

봄이 되면 벗은 몸으로 겨울을 인내하던 나무들이 일제히 새순을 피운다. 다시 겨울이 오면 나무들은 지난해에 그랬던 것처럼 무성한 잎새들을 떨어내고 알몸으로 의연히 매운바람 앞에 나선다. 그래서 저마다 동그라미 하나 나이테를 그린다.

가지치기를 하지 못한 숲은 스스로 주거 공간을 넓히기 위해 산불을 일으키고, 나뭇잎을 떨어트려 거름이 되게 하고, 버들치를 살리려고 산사태를 나게 하여 계곡을 깊게 판다. 이런 모든 것들은 숲이 하늘을 따르며 살아가는 존재 방식인 것을.

그런데 그게 아니었다. 문학 공부를 시작하고부터 세상을 보는 눈이 달라졌다. 문학은 보이는 것보다 보이지 않는 것이 상위 개념이란 걸 아무도 모르게 가르쳐 주었다. 숲에 대한 이해도 마찬가지. 이런 일련의 과학들이 숲을 살찌게 하는 것 같지만 사실은 그게 아니었다. 정작 눈으로 보고도 느끼지 못하는 것들이 실제 숲을 가꾸고 있다는 사실이다.

결국 과학은 꼬마 요정을 푸른 숲에서 밀어내고 물의 요정을 강으로부터 떼어내고 그늘 짙은 나무 밑에서 꿈꾸는 시인의 여름 꿈을 빼앗아갈 뿐 숲을 문학적 상태로 두지 않았다.

문학하는 눈으로 보면 소리가 숲을 지배하고 있음을 금방 알 수 있다. 새소리 바람소리 물소리.

하나님의 음성이 변조된 이런 맑은 소리가
곧 숲의 주인이다. 하나님이 너무 바쁘셔서
대신에 어머니를 이 세상에 보냈다고 하지만
하나님은 아직도 그 바쁨이 풀리지 않아
어머니 대신 새들을 보내 도시의 거리에

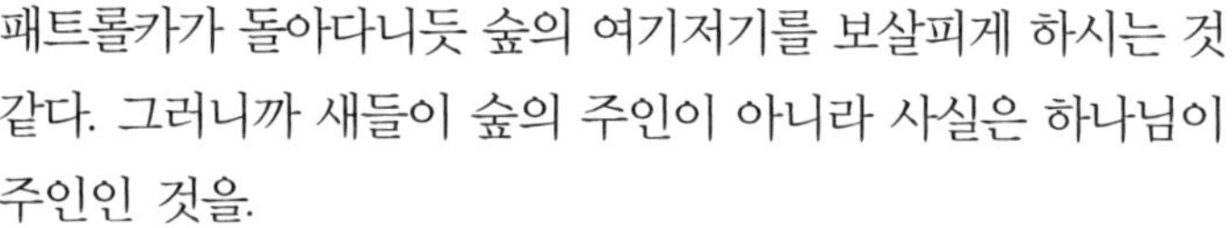

패트롤카가 돌아다니듯 숲의 여기저기를 보살피게 하시는 것 같다. 그러니까 새들이 숲의 주인이 아니라 사실은 하나님이 주인인 것을.

나는 새소리를 사랑한다. 산행을 하다가도 새소리가 들리면 두 귀를 소리 방향에 고정시켜 모든 잡음을 차단시키고 오로지 새소리만 듣는다. 새소리는 내게 있어 육체와 영혼이 동시에 쉴 수 있는 강 같은 평화이며 그림 속의 여백처럼 넉넉하고 푸근하다.

능선에 오르려면 아직 멀었는데 배낭을 벗고 땀을 훔치면서 듣는 그 새소리의 맑고 푸른 청량감이라니. 바로 하나님의 음성이다. 구약 성서 속의 아브라함이 산양 대신 아들 이삭을 제물로 하나님에게 번제를 드리려 할 때 사자를 통해 들었던 하나님의 음성을 나는 산에 오를 때마다 새소리 통역으로 듣는다.

"산행이 힘들제. 세상 살아가는 일이 괴롭고 외롭제." 나는 산에서 새소리를 들을 때마다 이삭의 아버지 아브라함이 된다. "괜찮심더, 견딜만 합니더." 하나님은 이삭의 결박을 풀게

하고 대신 뿔이 수풀에 걸려 있는 산양을 제물로 주신 것 같이 네게도 곧 무슨 좋은 소식이 있을라나 모르겠다.

힘든 산행 길에 자주 듣는 "뿌어 뿌어…"하고 우는 검은 등 뻐꾸기 소리, 낡은 탈곡기의 벨트 끊긴 소리 같은 딱따구리 소리, 그리고 실직 후 아침 산책길에 동무가 되어 주었던 쩌쩌구새 소리, 동강 제장리 강변에서 밤새도록 들었던 "비오 비오" 하며 우는 박새의 가슴 앓는 소리, 나는 그런 소리들을 사랑하며 그리워한다.

동물농장이나 식물원에서도 그들이 잘 자라라고 음악을 들려준다고 한다. 그것도 트롯이나 랩뮤직이 아닌 클래식 음악을. 하나님은 그 옛날 태고 적부터 숲에서 산새들을 길러

나무와 풀꽃들에게 노래 소리를 들려주시던 것을 인간들은 이제 겨우 알아차렸다니 늦은 감이 없지 않다. 숲에는 안토니오 비발디의 바이올린 협주곡 「사계」와 드보르작의 「신세계」와 같은 멋진 음악들이 어제도 연주되었고 내일도 변함없는 공연을 계속할 것이다.

내 고향 집 개울 건너 진자산 듬 밑에는 소쩍새 한 쌍이 살고 있었다. 어머니가 항상 걱정하시던 논에 물이 떨어지는 한더위 때 이들 부부는 더 애달프게 울어댔다. 어린 내 귀에는 소쩍새의 "소쩍 소쩍" 하고 우는소리가 "홋또 홋또" 하고 우는 것처럼 들렸다.

자규의 피를 말리는 "소쩍" 소리가 서른 초반에 청상이 된 어머니의 외로운 가슴에 피멍을 맺히게 했을 것이다. 여름밤에 소쩍새 우는소리가 들리면 어머니는 "저 놈의 새가 우리 논에 물을 말리네."라고 중얼거리셨다. 표현이야 '우리 논에 물'이었지만 알고 보면 지아비 없는 설움이 불러내는 '내 눈의 눈물'이 아니었을까. 오, 가련한 어머니.

초등학교 시절 어느 하루는 어머니 가슴에 못을 박는 소쩍새를 잡으러 친구 여럿과 듬으로 갔다. 듬은 직벽이었으나 늘어진 나뭇가지를 잡고 중간까지는 무난히 내려 갈 수 있었다. 아무리 찾아봐도 소쩍새의 둥지는 찾을 수가 없었고 올라 올 길이 막연했다. 바동거리며 풀을 잡고 한발 올라서면 풀뿌리가 뽑혀 곧장 낭떠러지로 떨어질 것 같았다. 앞이 캄캄하여 "살려 달라"고 소리소리 질렀더니 같이 간 친구들이 바로 옆 외딴집에서 지게에 묶인 밧줄을 풀어와 내려 주는 바람에 가까스로 기어 올라온 아찔한 추억이 아련하다.

그 일이 있고 난 후 나는 소쩍새를 싫어했다. 소쩍새는 괜히 우리 논에 물을 말릴 것 같았고 어머니 눈에 눈물을 흘리게 만들 것 같았기 때문이다. 그러다 구십 년대 초 가족을 떠나 혼자 안동 근무를 이 년쯤 할 때였다. 퇴근 후엔 안동호에서 밤낚시를 자주 했다. 안동호는 소쩍새 울음소리의 천국이었다. 낚시를 하는 재미 보다 어머니의 새인 소쩍새 우는소리가 너무 좋아 꼬박 밤을 새운 적도 있다. 여러 마리가 부르는 '소쩍 합창'은 논에 물을 말리지도 않았고 돌아가신 어머니의 눈물샘을 더 이상 자극하지 않았다.

소쩍새 우는소리가 막연하게 그립던 참에 지난여름 "참길 소록 봉사대"를 따라 소록도에서 며칠을 보낸 적이 있다. 소록도에 살고 있는 환자들은 소쩍새가 울면 누군가가 죽어 나간다고 믿고 있었다. 소록도 소쩍새는 하루 밤도 울지 않는 날이 없었으며 구북리 화장터엔 하루도 흰 연기가 하늘로 올라가지 않는 날이 없었다.

그러니까 숲을 키우는 소쩍새가 소록도 사람들의 상심한 영혼까지 관리하고 있다는 사실을 소록에 가서 비로소 알았다. 소록도 소쩍새 소리는 하나님의 음성을 그대로 전하는 구내방송이었다.

우리가 살고 있는 앞산과 뒷산에는 하나님의 음성이 각기 다른 새들의 새소리로 변성되어 숲을 지키고 있다. 숲은 정말 새소리가 가꾼다.

신발에 관한 명상

취직이 되어 서울로 떠난 막내의 신발을 정리한다. 운동화와 농구화, 목이 긴 가죽구두에 예비군 훈련용 군화까지 종류도 다양하고 숫자가 많기도 하다. 그 중에는 아직 몇 달 더 신어도 끄떡없을 구두도 끼어 있었다. 낡은 테니스화와 찢어진 농구화는 과감하게 쓰레기통으로 던져 버리고 다시 점검을 한다. 목이 긴 가죽구두는 야외 나들이 때 신을 수 있을 것 같아 한쪽으로 젖혀두고, 단화 몇 켤레를 이리저리 살펴보니 낡긴 했어도 버리기는 아까운 것들이었다.

신발 정리를 할 땐 과감하게 버릴 것을 전제하고 시작했었는데 막상 달려들고 보니 손이 오그라져 버릴 것이 없어졌다. 다시 한 번 찬찬히 살펴보고 활용방안을 연구하기 시작한다. 거죽은 멀쩡한데 밑창이 낡은 것은 창을 갈기로 하고, 접착제로 때울 것은 때우고, 끈을 갈아야 할 것은 끈을 갈기로 했다. 그러고 보니 세 켤레의 신발이 당장 신을 수 있을 것 같았다.

막내의 신발 중 아마 호주 어학연수 기간 중에 사 신었던 것으로 짐작되는 발리(Bally)라는 외국제 상표가 선명한 갈색 단화는 밑창이 터졌을 뿐 정말 거죽은 멀쩡하다 못해 일급 모델이 신어도 손색이 없을 정도로 멋진 것이었다. 나는 아직 신어 본 적이 없는 그 발리라는 버려진 구두를 보자 미국의 강철 왕 카네기 일가의 일화가 떠올랐다.

아버지 카네기가 다른 지방으로 출장을 가면 가장 싸구려 호텔 방에 묵지만 아들 카네기는 아버지가 묵고 간 호텔에서도 가장 비싼 방을 예약하곤 했다. 그러면서 그는 호텔 보이가 전해주는 "어젯밤 아버지는 가장 값싼 방에서 묵었다"는 소식을 듣고도 한쪽 귀로 흘려버리고 "나의 아버지는 나처럼 돈 많은 아버지가 없기 때문"이라고 했다지 않는가.

초겨울 햇볕이 남쪽 창을 데워 오는 시간. 서울로 떠나 버린 막내의 신발들을 뒤적거리고 있자니 잠시 떨어져 나간 시간의 편린을 타고 내 의식은 옛날을 향해 머나먼 여행을 떠나는 것이었다. 이 날의 여행은 거의 '신발에 관한 명상'이라 해도 좋을 만큼 신발에 연루된 의식들이 동아리를 이뤄 무슨 이야기들을 밑도 끝도 없이 풀어내는 것이었다.

의식은 연대순으로 진행되지는 않는다. 연대의 역순 그러니까 가까운 어제부터 먼 어제로 진행되다가도 때론 그것조차 흩트려버린다. 이런 진행은 결국 '잊지 못할 기억'의 가장 강도가 높은 것에서 강도가 낮은 것으로 서서히 흘러가기 위한 예행연습에 불과한 것이리라.

절정의 사춘기인 대학 3학년 때였던가. 신발은 낡아 해졌는데 돈이 없었다. 어머니께 몇 번 말씀 드렸지만 "몰라, 닭 한 마리가 하루에 달걀 열 개씩 낳는다면 다음 달에나 살 수 있을는지" 라는 대답이었다. 어머니는 항상 불가능의 대답을 이렇게 얼버무림으로써 가난과 질곡의 세월을 유머와 위트로 대체해 나가셨다. 그러면서 어머니는 사과밭을 경영하는, 가깝지도 멀지도 않은 형뻘 되는 이의 집에 돈을 빌리러 나를 보냈지만 불행하게도 그 형은 돈을 빌려주지 않았다. 솔직하게 털어놓지만 나는 그 때의 수모랄까 사무치는 원한을 지금까지 잊지 못하고 있다.

그 뒤 몇 십 년이 지나 형 집이 망하고, 형수도 무슨 암에 걸려 그 집 아이들이 내게 병원 치료비를 빌리러 온 적이 있었다. 물론 봉급쟁이가 여유 돈도 없었지만 설사 돈이 있었다 해도 빌려주지 않았을 것이다. 왜냐하면 나는 그 날 신발 살 돈을 빌리러 갔다가 머리를 긁으며 뒤돌아섰을 때 눈물이 앞을 가려 사과나무 가지에 이마를 찍힌 슬픈 기억을 도저히 지워 버릴 수 없었기 때문이다.

어머니는 빈손으로 돌아온 내게 "없다 카더나."라고 물으시더니 휑한 걸음으로 금융조합으로 나가셔서 기성화 한 켤레를 살 돈을 마련해 주셨다. 이튿날 하학 길에 양키시장에 들러 그 당시 유행하던 갈치구두를 사 신었는데 그게 말썽이었다. 어렵게 산 신발인데도 실용성을 배제하고 겉멋에만 치중했기 때문에 볼이 좁았던 것이다. 길들인다고 며칠 신고 다녔기 때문에 신발 가게에서도 사이즈 큰 걸로 바꿔 줄 리는 만무했다. 할 수 없이 칼로 구두의 복판 부분을 찢고 구멍을 뚫어 얼기설기 붙들어 매 신고 다닐 수밖에 없었다. 나는 그 해 가을과 겨울을 볼 좁은 찢어진 기성화로 버텨냈는데 이듬해 봄이 되고 여름이 지나도록 발톱 밑을 검게 물들인 멍 자국은 좀처럼 원상으로 회복되지 않았다.

신발 얘기가 나왔으니 나는 지금도 초등학교 시절을 선명하게 기억해 낼 수 있다. 지난 장날에 사 신었던 검정 고무신을 큰물이 진 다음날 아침 등교 길에 거랑(川)의 나풀대는 물결 속에 떠내려 보냈던 악몽과도 같은 그 순간을 잊을 수가 없다. 그 당시는 너나 내나 모두가 가난한 시절이어서 웬만한 부잣집이 아니면 운동화의 대명사인 와싱톤을 신어 볼 염은 생각조차 내지도 못했다. 검정 고무신에 흙이 들어오지 않으면 다행이었다. 물속에 떠내려 보낸 그 고무신도 조르기 시작한지 몇 장날이 지난 후에 근근이 사 신은 것이었다. 애통한 마음은 말할 수 없거니와 어머니께 들을 꾸지람을 생각하면 천지가 캄캄하고 하늘이 무너지는 것과 하나도 다를 바 없었다. 나는 그것이 죄 밑이 되어 와싱톤을 신고 싶다는 말을 입밖에 내지 못했다. 따라서 초등학교를 졸업할 때까지 단 한 번도 와싱턴을 신지 못하는 불행한 아이로 자랄 수밖에 없었다.

나는 지금도 가장 신고 싶은 신발을 말하라면 서슴없이 '홍콩제 농구화'라고 말할 수 있다. 물론 그 홍콩제 농구화는 신어 본적도 없고, 신을 수도 없었던 환상의 신발이지만 이 순간에도 그것을 신고 싶다는 욕망은 떨쳐버릴 수가 없다. 홍콩제 농구화는 흰색과 감청색 등 두 가지 색상이 있었는데 때가 좀 자주 타도 흰색이 훨씬 돋보였다.

그 당시 우리들의 우상중의 한사람이었던 미국 배우 안소니 퍼킨스가 어느 영화 잡지에 블루진 차림으로 홍콩제 농구화를 신고 나왔다. 안소니 파킨스는 오드리 헵번과 「녹색의 장원」이란 영화에서 청순한 이미지를 보여 주었고 이어 그리스의 여배우 메리나 메리쿠리와 「죽어도 좋아」라는 작품에서 아버지의 애인을 사랑하는 청년 역을 맡아 좋은 연기를 보여주고 있었다. 때문에 안소니 퍼킨스의 일거수일투족은 물론 그의 의상은 신앙과 맞먹을 정도로 흠모하고 숭상하던 그런 시기였다. 그것을 보는 순간 나는 무슨 짓을 해서라도 대학 졸업 전까지 홍콩제 농구화를 한번 신어 보는 것이 가까운 목표였었는데 결국 목표 달성은 못하고 흘러 흘러 오늘에 이르고 말았다. 그 동안 신발 산업도 나날이 발전하여 희한한 신발이 다 나왔지만 나는 아직도 홍콩제 농구화를 신고 싶은 미련과 충동은 떨쳐 버릴 수가 없다. 그리고 지금 이 순간에도 다른 어떤 신발도 내 눈에 차지 않는 건 부끄럽지만 사실이다.

시장 어귀에 있는 신발 수리점에서 갈색 단화의 밑창을 갈았다. 갈고 보니 정말 근사했다. '썩어도 도미'라더니 비싼 게 그 곳에 있는 것 같았다. 그러니까 아들 카네기나 우리 집 막내도 아버지들이 감지하지 못하고 있는 그 무엇을 미리 알고 그렇게 비싼 방과 비싼 신발을 택했던 것일까. 나는 밑창을 간 갈색단화의 끈을 매면서 잠시 네 살 때 이 세상을 하직하신 나의 아버지를 추억했다.

이 세상의 모든 아버지들은 대물림하기를 좋아한다. 그들의 씨(Seed)인 아이들 자체가 대물림의 소산이지만 그 외에도 재산은 물론 가업이나 버릇까지도 빼다 박은 듯이 대물림하고 나면 그것을 그렇게 시원하게 생각하는 것이 일반적인 관례다. 내 주변에서도 아이들의 덩치가 아버지를 따라오거나 능가할 경우 옷이며 신발이며 무엇 하나 남아나는 게 없다는 불평을 자랑삼아 말하는 이들이 숱하다. 그러나 그들의 불평은 행복에 겨운 말씀과 표정일 뿐 다른 아무 것도 아니다.

나는 아버지로부터 몸과 성씨와 또 '바람'이라 표현하면 딱 알맞은 끼밖에 물려받은 게 없는 가난뱅이다. 그러나 오늘 이렇게 막내아들로부터 신다 버린 갈색 구두 한 켤레를 대물림이 아닌 대 올림을 받고 보니 아버지 카네기가 정말 눈 아래 저만치로 보인다. 정말.

바람 냄새

편지가 왔다. 산과 골이 첩첩인 두메에 살고 있는 여류 문학인이 보내 온 편지다. 산골에 살면서 자연에 동화되기보다는 자연이 자신의 몸속으로 밀고 들어오기를 바라는 그런 삶을 살고 있는 사람이다. 그녀는 도시 사람들이 도저히 생각할 수 없는 호사를 누리는 대자유인이다.

"어제는 달이 참으로 밝았습니다. 밤늦도록 달빛을 받으며 개울물 소리를 들었습니다. 이런 밤에는 마을 샘이 깊어지는 법이지요. 다시 날씨가 흐려지고 있습니다. 아침나절 바지랑대에 청개구리가 물색도 모르고 올라앉았다고 놀렸더니 비 소식을 전해주려 그랬었나 봅니다. 오늘은 양철 물받이를 타고 내리는 빗물 떨어지는 소리와 골 안 가득히 서리는 비안개를 볼 수 있을 것 같습니다. 이런 밤에는 아쟁 산조를 듣는답니다."

초두에 시작하는 품이 심상찮다. 고향으로 돌아가지 못하고 이 도시에서 안달하며 살고 있는 나를 약 올리기에 충분한 가구미문(佳句美文)이다. 글 속에는 산골 사계의 풍광이 너무나 선명하다. 아직 가보지 못한 미지의 세계를 인도하는 듯한 그녀의 글은 촉수 높은 전구가 밝히고 있는 가로등길 같아 눈 감고 걸어도 쉽게 찾아 갈 것 같다.

"어제 내내 비가 오더니 이제 멎었습니다. 비는 청개구리가 몰고 오고 햇빛은 매미가 불러옵니다. 매미들이 귀청이 떨어져 나갈 듯 노래를 부릅니다. 오늘 노래하고 내일 죽을 수도 있는 목숨들이지요. 사람과 무에 다를 게 있나요. 상현달이 뜨면 하현달로 기울 때까지 봉창으로 들어오는 달빛이 옥양목 홑이불 같습니다. 그런 달빛을 어찌 어깨까지 끌어당겨 덮지 않을 수 있겠습니까."

비의 변주곡이 쨍하고 해 뜨는 날로 이어지더니 금세 달빛 만찬으로 연결된다. 그녀의 글은 「뽕뇌프(pont neuf)의 연인들」과 같은 프랑스 영화처럼 스피디하다.

"이 산골에 살면서 때때로 가슴을 시원하게 해 주는 것은 비온 뒤 바지랑대 높이 고여 이불을 내다 거풍을 한다거나, 빨래를 삶아 빨아 줄 가득 널면 바람에 나부끼는 흰옷들이 눈부시게 빚어내는 풍경은 어떻구요. 빨래를 널 때 문득 치어다보이는 잉크 빛 하늘은 때론 고단하게 느껴지는 삶을 신선하게 해 준답니다. 그리고 빨래를 걷어 개킬 때에는 옷가지에서 바람 냄새가 납니다. 바람 냄새! 그 냄새가 하도 좋아 옷가지에 코를 묻고 한참 동안 바람을 좇아가는 소녀가 된답니다. 정말이지, 그 냄새는 아기의 젖비린내만큼이나 여자로서의 행복을 느끼게 됩니다."

최근 며칠의 날씨 상태를 소곤거리듯 전해주다가 바람타령에 접어들어선 절창을 이룬다. 오케스트라의 온갖 악기들이 이 대목에 이르러선 지휘봉이 내려 긋는 어느 한 방향을 향해 일시에 고음을 쏟아 놓는 듯하다. 그런 연후에 다시 나직하게 속삭인다. 제4악장.

"달이 없는 밤도 좋습니다. 잠자리에 누우면 유리창 가득 쏟아지는 별빛이 얼마나 아늑하다구요. 이런 밤이면 사람과의 인연을 생각하고 쓸쓸해집니다. 사람은 좋은 인연 보다 상처를 주는 인연이 더 많지요. 하늘과 바람, 별과 달, 꽃과 풀들은 사람들이 상처를 줬으면 줬지 그들은 사람을 해치지 않습니다. 그들은 아름다운 것과 진실한 것을 가르쳐 주는 영원한 랍비니까요. 갑자기 차이코프스키의 바이올린 협주곡이 듣고 싶어 졌습니다. 그럼 안녕."

편지는 여기서 끝났다. 이박삼일쯤 걸리는 산골여행에서 돌아 온 느낌이다. 그러고 보니 내 방 어디에선 가에도 바람에 무슨 잎이 흔들리는 것 같기도 하고 읽었던 편지에서처럼 바람 냄새가 나는 것 같다. 남쪽에 머리를 두고 북쪽 벽을 향해 누우면서 머리 밑에 깍지를 낀다.

죽농 서동균 선생의 횡액 그림인 「왕죽」이 바람이 불지 않는데도 바람소리를 내며 서걱이고 있다. 방금 읽은 산골편지의 연상 작용이 우리 집 대나무 그림에 옮겨 붙어 이야기를 걸어온다. 나는 갑자기 「바람」이란 화두를 든 선방의 스님이 된 것 같은 기분이다.

전지 크기의 이 그림은 절반이 여백이며 나머지 절반에 댓닢이 내는 소리를 석 줄의 글씨가 찬찬하게 설명하고 있는 보기 드문 명품이다. 죽농 선생은 이 그림을 주시면서 "아직은 젊어서 모르겠지만 훗날 나이를 먹고 그림을 알게 되면 댓닢을 스쳐 지나가는 바람소리를 들을 수 있을 거야"라고 말씀하셨다. 내 나이 서른 살 적 일이다.

표구한 그림이 너무 커 안방 아니고는 마땅하게 걸 자리가 없어 지금까지 그대로이다. 직장을 떠나고 그리고 아이 셋이 모두 우리 내외의 품을 떠나면서 고적함이 가까이 다가오자 대나무 잎들이 바람에 살랑거리는 것이 보이는 듯하다.

선조들 중에 사군자를 비롯하여 문인화 그리기를 여기로 즐기던 선비들은 특히 대나무를 칠 때는 바람을 그렸지 그냥 대나무 잎만은 그리지 않았다. 그래서 '풍죽'이라 했다. 우리 집 '왕죽'이 '풍죽'으로 바뀌는 데도 삼십 년이란 세월이 걸렸다. 무릇 그림 속의 바람 이는 소리를 듣는데도 오랜 세월이 걸리거늘 사람이 인연을 소중히 여길 줄 알려면 연륜이 쌓여야 하는 법인가 보다.

사군자 중 매화 난 국화는 꽃이어서 꽃이 피워내는 향을 그려야 제 맛이 난다. 그러나 유독 죽(竹)만은 사운거리는 바람을 그려야 한다. 그림을 감상하는 이도 반드시 바람을 느껴야 하고 바람소리를 들을 수 있어야 한다. 그래서 '풍죽'이 사군자 중에서도 한 차원 높은 군자임을 이제야 알겠다.

벽에 걸려 있는 '풍죽'을 치어다 볼 때마다 고산 윤선도 선생의 오우가가 절로 읊조려진다. "내 벗이 몇인고 하니 수석과 송죽이라 동산에 달 오르니 귀 더욱 반갑고야 두어라 이 다섯밖에 또 더 하여 무엇하리" 친구인 '풍죽'이 곁에 있으니 나는 행복하다. 나는 오늘도 바람에 흔들리는 댓닢 아래서 책을 읽는다. '바람'이란 어쩌면 '그리움'이다. 옛날 선비들도 바람을 통해 그리움을 불러오고 바람 따라 그리움을 날려 보내고 그랬었나 보다. 모두가 바람 탓이다.

서출지

서출지가 품고 있는 전설을 현대시로 풀어보면 아마 이런 정도쯤 되지 않았을까. 마침 유하 시인이 쓴 「사랑의 지옥」이란 시가 생각나 옮겨 본다.

> "정신없이 호박꽃 속으로/ 들어간 꿀벌 한 마리/ 나는 짓궂게 호박꽃을/ 오므려 입구를 닫아 버린다./ 꿀의 주막이 금세 환멸의/ 지옥으로 뒤바뀌었는가./ 노란 꽃잎의 진동이/ 그 잉잉거림이/ 내 손끝을 타고/ 올라와 가슴을 친다./ 그대여, 내 사랑이란/ 그런 것이다./ 나가지도 더는 들어가지도 못하는/ 사랑이 지독한 마음의 잉잉거림,/ 난 지금 그대 황홀의 캄캄한/ 감옥에 닫혀 운다."

경주 남산 동쪽 기슭에 있는 서출지(書出池)에 가면 괜히 서글퍼진다. 연못물에 바지를 걷고 종아리를 담그고 있는 이요당(二樂堂)이란 정자도 예쁘고, 연못에 비친 수백 년 된 배롱나무와 늙은 소나무의 그림자도 그림처럼 아름답다. 그리고 연못 속의 연들은 넓은 연잎을 펼쳐 청개구리를 키우고 그 속에서 봉봉 솟는 연꽃들을 피울 땐 경주 남산에서 불상으로 서 있거나 앉아 계시던 부처님들이 연꽃 법회를 위해 모두 서출지로 내려오시는 것 같다.

그런데도 왜 마음은 편치 못할까. 전설 때문이리라. 서러운 사랑 이야기 때문이리라. 이곳 서출지에 올 때마다 연못이 품고 있는 전설이 생각나 그럴 때마다 '사랑'이란 낱말을 화두처럼 떠올리면 '사랑이 도대체 무엇인지' 종잡을 수가 없다.

서출지 사랑 이야기는 '사금갑(射琴匣)이야기'로 전해 내려온다. 한자로 사금갑이라 쓰니 뭔가 근사해 보이지만 실은 거문고 집을 활로 쏘니 그 속에서 '사랑의 기차놀이'를 하던 남녀가 가슴에 화살을 맞고 죽었다는 아주 슬픈 이야기다. 그런데 이렇게 애절한 이야기의 원인 제공을 서출지가 맡고 있기 때문에 이 연못에 올 때마다 가슴이 서늘해져 한양사람들이 '사랑이 다 끝난 뒤에서야 인수봉을 바라보듯' 영남사람인 나는 '문득 남산을 바라보게' 되는 것이다.

서기488년 신라 소지왕 10년 정월 대보름날. 왕이 신하를 거느리고 천천정(天泉亭)으로 납셨다. 술과 안주가 그득한 상 밑에 쥐 한 마리가 기어와 "임금님, 나무 위에서 시끄럽게 울고 있는 까마귀가 날아가는 쪽으로 사람을 보내세요."라고 고자질을 했다. 원래 절간에서는 물색 모르는 동자승이 온갖 저지레를 하고, 저자거리에선 쥐새끼같이 생긴 것들이 오만방정을 떠는 법이다.

왕은 발 빠른 장수를 시켜 까마귀를 따르게 했다. 그러나 장수는 연못 옆에서 싸우고 있는 두 마리의 돼지를 보느라 정신이 팔려 까마귀를 놓치고 말았다. 망연자실 못 가에 서 있으니 머리가 흰 노인이 연잎을 밟고 올라와 편지 한 통을 내밀었다. "이걸 뜯어보면 두 사람이 죽고, 뜯지 않으면 한 사람이 죽을 것이다" 왕은 "한 사람 죽는 게 낫다"며 개봉을 꺼렸으나 신하들은 "한 사람은 임금이요, 두 사람은 백성이오."라고 우겨 그들의 궁금증을 풀었다.

편지에는 '사금갑'이라 적혀 있었다. 궁으로 돌아온 왕은 왕비 처소 옆에 세워져 있던 거문고 집을 과녁쯤으로 생각하고 활을 쏘았다. 그 속에는 왕이 총애하던 궁녀가 내전에서 분향 염불의 소임을 맡고 있던 잘 생긴 승려의 아랫도리 살을 무릎과 무릎 사이에 끼운 채 가슴에는 화살을 맞고 숨졌다는 것이다. 전설은 여기에서 끝났지만 이건 어디까지나 승자의 기록일 뿐 약자의 사정과 변명은 깡그리 무시된 채 역사는 사가의 붓끝을 타고 후세에 전달된다.

혹시 이 전설은 질투에 눈이 먼 왕의 계략, 다시 말하면 임금이 쳐둔 덫에 사랑하는 두 남녀가 걸려들어 희생되었다고 볼 수는 없을까. 원래 궁중의 궁녀는 왕의 여인이다. 임금의 성은을 입었든 입지 않았든 왕이 아닌 다른 사람은 손을 댈 수 없다. 그런데 사랑하는 연인과 함께 화살에 맞아 죽은 이 궁녀는 젊은 승려의 여인이었다. 현실적 소속은 임금의 그늘이었지만 정신적 소속은 어디까지나 사랑하는 연인에게 굳게 편입되어 있었다.

이를 눈치 챈 왕은 없던 일로 하고 돌아와 주기를 청했지만 궁녀가 빠져 있는 애욕의 늪은 너무 깊었다. 이 날 아침 궁녀를 포기한 왕은 이 두 사람만 남겨두고 천천정 나들이에 나섰다. 왕은 미리 '사금갑'이라 적은 서찰을 날렵한 장수에게 주어 왕이 직접 쓴 각본대로 움직이게 했고 미리 짜놓은 계획은 쥐새끼와 까마귀가 등장하는 전설로 바뀌어 이렇다 할 재판 없이 사형 집행 절차를 마무리한 것은 아닐까.

사랑하다가 죽어버려라/ 오죽하면 비로자나불이 손가락에 매달려 앉아 있겠느냐/ 기다리다가 죽어버려라/ 오죽하면 아미타불이 모가지를 베어서 베개로 삼겠느냐/ 새벽이 지나도록

마지(摩旨)를 올리는 쇠 종소리는 울리지 않는데/ 나는 부석사 당간지주 앞에 평생을 앉아/ 그대에게 밥 한 그릇 올리지 못하고/ 눈물 속에 절 하나 지었다 부수네/ 하늘 나는 돌 위에 절 하나 짓네."(정호승 시 「그리운 부석사」)

그래, 사랑은 저지르는 자의 몫이라고 했다. 성서의 사마리아 여인처럼 간음하다 들켜 돌로 쳐죽임을 당할 뻔한 것도, 이 전설 속의 궁녀와 승려처럼 사랑하다 화살에 맞아 죽는 것도 모두가 사랑을 위한 '보시'이자 '몸 공양'이지 결코 죄의 값은 아니다. 사랑하다 죽은 새를 참나무 장작으로 구워보니 새의 몸에서도 사리가 나왔다고 하지 않는가. 모든 사랑하다 죽은 자는 열반 후 다비를 하면 사리가 한 됫박쯤 쏟아져 나올 일이다.

올 늦여름, 남산을 넘어 온 선들바람이 서출지의 물빛을 흐려 놓을 때쯤 가까운 시인들을 오시게 하여 일천 수백 년이 지나도 아직 잠들지 못하고 있는 사랑하다 죽어버린 두 연인을 위한 시 낭송회를 열었으면 한다. 장소는 남산의 아름다움에 홀려 칠년째 서출지 옆에서 아틀리에를 열고 산과 바람과 그리고 연과 안(雁)을 그리고 있는 야선(野仙) 박정희란 여류화가의 집을 하루 저녁 빌려 '시로 가득 덮인 남산' '시가 넘쳐나는 서출지'를 한번 꾸며 봤으면 좋겠다.

내게도 만약 낭송의 기회가 주어진다면 "미안하다, 너를 사랑해서 미안하다. 미안하다, 너를 사랑해서 미안하다. 미안하다, 너를 사랑해서 미안하다"란 어느 시인의 「미안하다」란 시의 끝 부분을 세 번 읊조리고 내려와 서출지를 세 바퀴쯤 돌아볼 참이다. 정말로 미안하다.

게와 은어

나의 바다 행은 외할머니의 무릎베개에서 출발한다. 어릴 적 아주 어릴 적 외할머니의 무릎을 베고 "할머니 할머니, 옛날 얘기 하나 해 줘." 하면 말이 채 끝나기도 전에 "꼬부랑 할마시가 꼬부랑길을 가는데…" 하고 백 번도 더 들었던 「꼬부랑 할머니」를 끄집어내시는 것이었다.

「꼬부랑 할머니 얘기」에 신물이 난 나는 "아이, 그 얘기 말고 할머니 어릴 적 이야기나 해 줘." 하고 투정을 부리면 외할머니는 금세 얼굴이 붉어지면서 당신의 고향인 동해 어느 포구의 소녀로 돌아가시는 듯했다.

"비가 오기 전날 날씨가 꾸무리해진 저녁답에는 바다에 있는 게 새끼들이 모조리 기어 나와 마당으로 장독대로, 때로는 부뚜막에도 슬슬 기어 다니지. 여기 우리 집이 바닷가라면 게 새끼들이 내 새끼 고추도 꽁하고 물었을 거야."

외할머니는 얘기가 끝날 즈음에 내 고추를 꼭 게가 집듯이 꼬집어 주셨고 나는 그러는 것이 좋아 심심하고 하릴없는 날이면 외할머니의 고향 얘기를 졸라대곤 했었다.

외할머니는 고향인 포구를 떠나 내륙으로 시집오셨다. 무남독녀인 어머니를 낳고 돌아가실 때까지 딸네 집에 얹혀사시다가 내가 중학교 일 학년 때 영원한 고향인 갯마을로 돌아가셨다.

나는 그때까지 바다에 가보지 못했다. 내 의식 속의 바다는 게들이 고추를 꽁하고 깨무는 환상 속에서만 존재했다. 그러니까 바다는 그리움의 대상이었고 한번쯤 살고 싶은 미지의 세계였다.

외할머니가 돌아가시고 이십 년이 훨씬 지난 지금부터 십여 년 전 막연한 바다바람이 들어 바닷가에 자주 나가 앉게 되었다. 경북 영일군 청하면 월포리를 외할머니의 고향 포구쯤으로 생각하고 주말마다 그곳을 찾아가게 되었다.

그러다가 바닷가에 초막 한 채도 구하고 보니 외할머니의 무릎베개에서 자주 꿈꾸던 낭만스런 꿈이 실현된 것 같아 행복감까지 느끼게 되었다.

월포리는 포항에서 동해 북부선을 따라 울진 쪽으로 달리다 보면 최초로 바다가 보이는 아늑한 만(灣)이다. 그곳은 동리 앞뒤로 내륙의 시냇물이 바다로 흘러 들어가 그 합수머리는 황어와 숭어 떼가 몰리는 곳이다. 그 중에서도 가장 신나는 일은 은빛으로 번뜩이는 은어 떼가 무진장으로 웅성대는 일이었다.

나는 원래 강 소년, 강변마을에서 태어났고 강가에서 유년기와 소년기를 보냈다. 지금도 고향의 강 마을을 한 번도 잊어본 적이 없다.

그러니까 월포리란 바닷가는 외할머니의 얘기 속의 게 새끼들과 내 고향 강 마을에서 잡았던 민물고기, 그것도 신의 은총으로 태어났을 은어를 동시에 만날 수 있었으니 분명 축복이 아닐 수 없다.

날쌘 은어들이 빠져나가지 못할 촘촘하게 짜진 은어투망

을 들고 합수머리로 나간다. 아이들의 함성이 크면 클수록 그물에 걸려 나오는 은어 떼들은 은빛으로 반짝여 오! 눈이 부셔라. 잔잔한 파도가 찰싹이는 갯바위에 올라앉아 투망질로 잡은 은어들의 배를 가르면 손끝에서 피어나는 향기, 아 수박 냄새. 고향 냄새!

다리 밑 그늘에 간이 화덕을 만들고 인근 농가에서 한 아름 얻어 온 보리 짚으로 불을 지피면 매캐한 고향 타는 냄새가 난다. 석쇠 위에 은어를 가지런히 배열한 후 굵은 소금을 뿌려두면 보리 짚이 타면서 내는 탁탁! 하는 파열음과 소금이 불기에 굽히면서 튀는 틱틱! 하는 소리들이 어울려 기막힌 화음을 이룬다. 바로 바다의 소리다. 여름의 소리다.

은어의 껍질이 불기에 굽히기 전에 보리 짚 연기에 익고 색깔이 노릇노릇해지면 옆 사람의 목구멍에서 군침 넘어가는 소리가 들린다. 사랑이 눈으로 먼저 오듯 맛도 먼저 눈으로 오고 귀가 맛의 소리를 듣는다.

"애! 소주 한 병 더 사와라." 염천 아래 다리 밑, 은어가 한창 맛있게 익어가고 있는 다리 그늘은 바로 낙원이다.

여름을 기다리는 마음은 벌써 월포리로 향하고 있다. 다리 그늘에 앉아 보리 짚이 타는 매캐한 연기를 맡으며 은어구이를 하고 싶다. 그리고 밤 꿈에는 외할머니를 만나 게가 고추를 꽁하고 깨무는 옛 얘기를 다시 한번 듣고 싶다.

내원마을에서

지은아, 내원마을에 다녀왔다. 네가 청송 주왕산 속 전기 없는 마을에서 하룻밤을 지내고 온 후 별들이 군무를 벌였다는 그 밤을 잊지 못해 찬탄해 마지않던 그 뜻을 겨우 알 것 같구나. 처음엔 혼인 후 처음으로 떠난 주말여행지가 내원마을이란 오지여서 그렇겠지라고 생각했단다. 흔히들 낯선 체험은 곧잘 아름다운 기억으로 이어지고 그 신비스러움은 추억이란 이름으로 마음의 갈피 속에 오래도록 남는 법이란다.

산 입구 주차장에서 걸어서 두 시간이 채 걸리지 않는 길을 걸으면서 줄곧 너희들 생각을 했단다. 우람한 바위와 폭포 그리고 전설이 아름다운 동굴, 가벼운 탄성을 질러대는 관광객들의 파안(破顔), 꽃보다 아름다운 푸른 잎사귀들의 하늘거림 등 자연이 우리에게 주는 여러 가지 축복 속에서 너희들도 그 속에 하나가 되고 일체가 되었다니 감격할 수밖에 다른 도리가 있었겠니.

산골마을이 갖고 있는 고요와 적막의 진수는 관광객들의 왁자지껄함이 끝나는 제3폭포를 지나 금은광이와 내원마을로 갈라지는 삼거리에서 비로소 시작된다. 삼거리에서 마을까지 걸어서 이삼십 분이면 갈 수 있는 그 길은 정말 보기 드문 호젓한 오솔길이더구나. 정말 그 오솔길은 길섶의 온갖 풀꽃들을 데불고 춤을 추며 하늘로 올라가고 있더구나. 사이버 공간에서 한 번의 클릭으로 누구와도 만날 수 있는 디지털시대에 전기 없는 원시마을로 들어갈 수 있는 길을 아직도 우리가 가지고 있다는 것은 크나큰 행복이 아닐 수 없다. 그 길을 알고 앞으로도 그 길을 갈 수 있는 너희들에게 축하를 보낸다.

내원마을이 전혀 때 묻지 않은 무균 상태의 마을은 아니다. 파전에 동동주와 토종닭 요리를 파는 민박을 겸한 주막이 있긴 하지만 그런 집들이 찾아오는 이가 없어 오히려 비어 있을 때를 생각해 보아라. 피라미 몇 마리가 한가롭게 노닐고 반딧불이 유충의 먹이가 된다는 다슬기가 훤히 보이는 개울을 건너 마을을 한 바퀴 돌아본다. 마을 전체가 잠들어 있다. 차라리 시간의 태엽이 정지되어 버린 그런 느낌이다. 빈 마을의 고즈넉함.

사랑하는 지은아. 사람이 느낄 수 있는 쓸쓸한 감정은 홀로움이 차려주는 최상의 만찬이다. 너희들도 자주 쓸쓸한 감정에 휩싸이기 바란다. 음악을 듣고, 영화를 보고, 시를 읽고, 그림을 보면서 자주 눈물을 흘리기 바란다. 예술적 감수성에서 비롯되는 눈물은 인류를 사랑하게 되고, 또 동물과 식물을 사랑하게 되며, 나아가서 이 세상에 존재하는 모든 삼라를 보듬고 껴안을 수 있는 묘약을 마시는 것에 다름 아닌 것이다.

너희들이 잊지 못하는 내원마을의 밤을 아버지도 사랑한다. 어서 아이들이 자라 제 발로 걸을 수 있을 때 우리 함께 그 마을로 출발하는 여행을 떠나자. 그래서 민박집 마당 어귀에 모깃불이나 피워두고 여름 밤 하늘에 펼쳐지는 별들의 잔치에 초대받은 귀빈이 되자.

우리는 짧은 하룻밤이지만 귀를 비롯하여 감지할 수 있는 오관을 크게 열어두면 산등성이를 넘는 바람으로부터 '천상의 노래'를 들을 수 있을 것이며 아침 개울가에서는 안개가 잠옷을 벗는 황홀한 풍경을 보게 될 것이다. 어디 그 뿐인가. 쑥대를 태우는 매운 연기에 진저리를 치는 모기들은 호메로스의 진혼곡을 연주할 것이며 이 때 바이올린의 마지막 선율이 길게 찢어질 무렵 서쪽 하늘로 떨어지는 별똥별을 보게 될 것이다.

지은아, 사람이 살아가는 데는 돈도 필요하고, 아파트의 면적을 키워 가는 것도 매우 중요하다. 그러나 손에서 책이 떨어져 나가고 귀에서 음악이 멀어지고 눈이 더 이상 아름다움을 찾지 않는다면 어떻게 되겠니. 엿새 일하고 하루를 쉬듯 돈과 시간의 칠분의 일은 아름다움을 찾아 나서는 데 투자하도록 하자. 알겠제. 내 말 알아 듣겠제. 아버지가.

고향 장터에서

내게 있어 고향이란 무엇인가. 아름다운 꿈인가 희미한 환영인가. 아니다. 그것은 안온함이며 넉넉함이다.

매연으로 가득 찬 도시의 하늘이 땅과 맞닿는 그 어디쯤. 아니면 시멘트 구조물로 고리 지어져 있는 도시의 회랑 끝 그 너머에 고향이 있다는 생각만 해도 가슴은 늘 서늘한 기운이 느껴지는 것을. 고향을 그리워할 때마다 불안의 긴 여정 속을 나는 비행사들이 어떤 낯익은 목표물을 발견했을 때처럼 회귀에의 여로가 얼마 남아 있지 않다는 안도가 도시를 떠도는 쓸쓸한 영혼을 기쁘게 하곤 한다.

내 고향은 이 도시에서 육십 리 떨어진 하양. 고향을 떠나온지 벌써 삼십 년이 지났지만 그리운 그곳을 지척에 두고서도 자주 가지 못한다. 그곳에는 대문의 낡은 빗장이 목수가 집을 지은 이래 한 번도 닫혀 본 적이 없는 문중도, 꼭이 찾아봐야할 보고 싶은 얼굴도 그리 흔치 않아 나의 고향 길은 일 년에 두어 번이 고작이다.

그렇다고 그곳이 마음 속 어느 한 귀퉁이에서 싫어졌기 때문에 그런 건 결코 아니다. 계절이 바뀔 때나 홍수가 지거나 큰 눈이 내릴 때마다 마음은 고향에 있고 나는 그곳에 산다. 또 해내야 할 생활의 숙제가 풀리지 않는 매듭처럼 꽁꽁 얼어

붙어 있을 때면 문득 고향 산천에 내리는 햇살이 그리워 마냥 그곳으로 달려가곤 한다.

고향의 봄은 유독 아름답다. 어느 계절보다 비할 수 없는 아름다움이 그곳에 있다. 금호강 강둑의 회색 잔디에 푸른빛이 돋아나기 시작하면 긴 겨울을 이겨낸 환희가 여기저기에서 벙글기 시작한다.

강변에 널려있는 수목과 이름 모를 잡풀들만이 봄 기지개를 켜는 것은 아니다. 얼음이 풀린 강물도 그 물 속을 뛰노는 피라미 떼들까지도 온통 봄의 온기에 젖어 활발한 움직임을 보인다. 겨우내 비어있던 강둑에도 봄과 함께 사람들의 모습이 듬성듬성하고 강둑에 남아 떠도는 소녀들의 웃음소리와 재잘거림이 그렇게 싱그럽고 건강할 수가 없다.

이맘때쯤이면 오 일만에 한번씩 열리는 장터도 어느 때보다 풍성하다. 간 갈치와 간 고등어가 주종을 이루던 생선가게도 축복의 은비늘로 번득이는 신선한 생선들이 점잖게 자리를 잡기 시작한다. 또 채소전에는 냉이랑 달래며 햇쑥이 "봄이 왔어요. 나를 안아가 입맛을 돋구세요"하고 소리소리 지른다.

오랜만에 실로 오랜만에 고향의 장터에 널려 있는 푸성귀와 봄나물에서, 그리고 피라미 뿌구리 텅거리 등 고향의 샛강에서 잡힌 싱싱한 민물고기를 통해 더 진한 봄기운을 느끼고 싶어 고향으로 향한다. "여보, 고향 장 구경이나 갑시다." 빨래며 청소며 집안 치다꺼리를 하던 아내가 모든 것 팽개치고 따라 나선다.

반야월 청천을 지나 물띠미를 넘어서니 금호강을 끼고 있는 고향은 한 폭 풍경화로 펼쳐진다. 시장 어귀쯤에 차를 세우려 해도 어릴 적 그렇게 넓었던 공터는 간 곳이 없고 고향에도 바야흐로 주차난과 차량 홍수는 시작되고 있었다. 그래도 오랜만에 고향을 찾았다는 기쁨 때문에 일부러 갈 짓 자 걸음으로 낄낄거리며 장터로 들어선다.

이상한 일이다. 장터의 풍경은 완전히 달라져 있었다. 교회 앞 빈터에는 봉태기 속에 강아지 몇 마리를 안고 나온 아낙네와 병아리 몇 마리를 품고 있는 씨암탉을 팔러 나온 노인네의 모습이 보여야 할 텐데 데드론 봄 점퍼를 팔고 있는 아저씨의 고함소리가 나를 슬프게 한다.

또 떨어진 고무신을 불에 달군 철판 위에서 실하게 떼워 주던 영감님의 모습도 온 데 간 데 없다. 갑자기 불어오는 봄바람이 비닐봉지 하나를 잽싸게 몰고 골목 안으로 사라져 버린다. 고향이 그리워 찾아왔는데도 고향은 옛날로 머물러 주지 않다니…

갑자기 다리에 기운이 쑥 빠지는 것 같아 어디 막걸리라도 한 사발 마시지 않고는 견딜 수가 없다. 장터 복판에서 기역자 목판을 벌려 놓고 돼지 국물을 파는 주막을 찾았으나 이미 국물 가게도 '시장 곰탕집'이란 도시형 간판을 이마에 붙이고 우쭐대고 있었다. 두고 떠난 고향은 기억 속에서만 존재한다더니 정말 그렇구나.

철물점과 지업사 사이의 골목길엔 장날마다 웅담 파는 영감님이 물 한 그릇 떠놓고 "진짜 웅담은 찬물에 넣어 보면 압니다. 이렇게 한 쪼가리만 띄워도 팔랑 팔랑 팔랑개비처럼 돌아가는 것이 진짜 웅담입니다. 아아들(아이들)은 가거라. 진짜 웅담은…" 하며 신나게 약을 팔았었지. "웅담 영감님은 어디 갔을까" 하고 기억은 마냥 옛날로 달리고 있는데 넥타이 장수가 "한 개 천 원"하며 불쑥 넥타이 뭉치를 내민다.

그래 이제는 고향도 찾아올 곳이 못되는구나. 서둘러 아내의 손을 잡아끌며 시장 둑으로 올라서니 중금속에 오염된 듯한 붕어와 잉어들이 비늘이 벗겨져 죽어 있었고 어느 양식장에서 싣고 온 듯한 민물 뱀장어들이 징그럽게 꾸물대고 있었다.

그립던 고향을 찾아 왔다가 정말 고향 땅에서 고향을 잃어버릴 것 같아 안타깝기 짝이 없다. 마음이 일그러져 있으니 얼굴 표정까지 우거지상이 되어 있는데 아내는 그래도 즐거운가 보다.

"어머, 이곳 냉이는 자연산이네. 달래도 그렇고…."

아내는 도시의 시장에서 쉽게 살 수 없는 푸성귀와 봄나물들을 한 아름 안고 혹시 더 신나는 것들이 없을까 하고 사방을 두리번거린다. 서둘러 왔던 길을 돌아 나오니 다시 교회 앞에 서게 되었다. 교회 안을 기웃거려 봐도 평일이어서 종지기 사찰 집사의 모습은 보이지 않는다.

어릴 적 교회 바로 앞집은 의흥관이란 술집이었다. 술 시중드는 색시들이 오륙 명쯤 있었고 춘선이란 기생이 가장 예뻤었다. 주일 밤 예배를 마치고 나오면 의흥관은 젓가락 장단에 맞춘 노랫가락이 그렇게 흥겨울 수가 없었다. 손님은 읍내 금융조합 서기들이거나 때론 영천의 군부대에서 몰려온 장교들이었다. 그들은 주연을 끝낸 후엔 색시들을 지프에 싣고 어디론가 사라졌다.

실은 오늘 내가 교회를 기웃거림은 유년주일학교 시절의 추억 때문이 아니라 망막 속에 희미하게 남아 있던 의흥관 색시들의 섹시한 교태를 다시 한 번 더듬어 보기 위함이다. 그

때 나는 "이 다음에 커서 금융조합의 서기가 되거나 군인이 되면 의흥관에서 춘선이랑 함께 왁자지끌 술을 마셔야지" 하고 마음속으로 다짐했었다.

춘선이 이야기가 나왔으니 말이지만 그녀는 마음속에 두고 있던 대학생 애인이 '어디서 기다리고 있다'는 거짓말에 속아 어느 능금밭 움막으로 끌려가 청년 열 한사람에게 떼거리 윤간을 당했다. 청년들은 모조리 경찰서로 끌려가 조사를 받았다. 그런데 춘선이는 "분명히 열 손가락으로 헤아리고도 둘이 더 많았다"고 진술했는데 아무리 찾아봐도 한 명을 찾을 수 없었다. 알고 보니 이번 타자가 십이 번 타자로 다시 타석에 올라갔기 때문에 이런 혼선이 빚어졌다나. 어쨌든 이 이야기는 신문에도 난 고향 삽화 한 조각이다.

그러나 오늘 중년이 되어 의흥관 앞에 서니 이미 춘선이는 기억 속에 희미한 이야기만 남겨놓고 떠나버린 뒤였으며 봄바람에 날린 먼지가 눈에 눈물을 괴게 한다. 교회 앞길에서 잠시 망연자실해 서 있는데 엘피지 가스통을 실은 소형 트럭이 급정거를 한다.

"활이 아이가. 언제 왔디노."

정미소를 운영하다가 가스 상회로 업종을 바꿨다는 초등학교 동창생이 반갑게 손을 내민다. 그는 '동창 녀석 두 놈이 지자제 의원 후보로 나와 누구를 밀어야 할지 골치가 아프다'는 소식과 '우리 어릴 적 국회의원에 출마했던 부자 영감님의 고명딸이 읍사무소 옆에 술집을 열었다'는 재미있고도 우울한 얘기를 들려주었다.

"여보 갑시다." "그래요, 갑시다." "시골 장구경이 참 재밌네요. 우리 자주 나옵시다." 아내는 아이처럼 즐거워한다. "재미있으면 당신 혼자 오구려." 아내 귀에는 들리지 않게 속으로 지껄이며 다시 내가 살고 있는 도시로 발길을 재촉한다.

고향은 비단보자기에 꽁꽁 묶여 있는 낡은 사진첩인가. 들춰보면 즐겁기는 하지만 옛날로 돌아 갈 수 없음에 나는 운다.

학이 송로주 따라주네

오늘은 책 한 권 달랑 들고 산으로 간다. 물론 숲 속에서 지내는 한나절의 청량한 상쾌함에 보탬이 될 대구의 명주 '불로(不老)' 막걸리 한 병 꿰어 차고 산으로 간다. 정상과 능선 종주를 고집하며 좌우를 돌아보지 않고 걷기만 하는 산 친구들에게서 떨어져 나와 오늘은 그림자만 데리고 나 홀로 산으로 간다.

바람은 저 혼자 일 때는 바람이 아니다. 구름을 밀고 가거나, 죽림의 댓잎을 건드리거나, 숲 속에 의연하게 서있는 소나무 사이를 지나갈 때 이는 소리의 움직임이 바람인 것이다. 나는 오늘 바람을 찾아 소나무 숲으로 간다. 그 숲 속에는 엊저녁 책에서 만난 학이 나의 빈 술잔에 송로주 한 잔을 따라 줄지도 모른다. 허기야 학은 없어도 그만, 있다고 해도 제 볼 일에 바빠 빈 잔을 본 체 만 체 해도 어쩔 수 없지만…

푸른 산 나 혼자서 벗을 찾아와서는
가을 안개 소매 털고 돌이끼에 앉았네.
막걸리에 함께 취해 달빛 아래 잠드니
학 퍼득여 솔 이슬이 빈 술잔에 떨어지네.

—박순의 「방조운백(訪曺雲伯)」 둘째 수

조선조 선조 때 재상을 지낸 박순(1523~1589)이 젊은 날 동인과 서인 사이의 알력이 심각해지자 잠시 영평 백운산에 머문 적이 있다. 이 때 이웃 산자락에 살던 친구 조준룡의 초당을 찾아가 술도 마시고 시도 짓고 그리고 시국을 한탄하기도 한다.

이날 박순은 깊은 산 속에 살고 있는 친구를 찾아 허적허적 산길을 오르니 이마에 묻은 산안개가 땀이 되어 옷소매를 적신다. 친구는 그동안 정성스레 빚어둔 산열매 술을 항아리째 들고와 조롱박잔을 띄워둔다. 소나무 가지 사이로 배어든 달빛 기운이 술 속으로 빠져들고 그 기운은 마신 사람에게로 옮겨져 마침내 시인의 얼굴은 붉은 달빛을 잉태하게 된다.

술은 처음엔 술맛으로 먹다가, 다음엔 친구 맛으로 먹고 그리고 그 다음엔 작부 맛으로 마신다. 그러다가 술이 술을 마시게 되고 나중에는 술이 사람까지 먹게 된다. 술 마시는 흥취가 짙어지면 웬만한 술 항아리는 바닥 긁는 소리가 들리기 마련. 친구 찾아 숲이라는 이름의 푸른 낙원 속으로 들어간 박순도 일찍 술이 떨어져 여러 번 빈 독 긁는 소리를 냈나 보다.

소나무 둥지에서 잠을 청하던 학이 지조 곧은 선비의 술 떨어진 절실한 뜻을 얼른 알아차린다. 학이 날개 짓하며 박차고 일어나니 산안개가 빚어놓은 솔잎에 맺혀 있던 이슬이 후드득하며 빈 술잔 속으로 떨어진다. 신선들이 마신다는 송로주는 이렇게 학이 따라 주는구나.

나는 평생을 살아오면서 술이 떨어져 처량해진 경우를 당한 적이 한두 번 아니다. 대학 일학년 여름인가. 친구 넷이 모여 호주머니를 다 뒤져봐도 돈은 백 원밖에 없었다. 당시 염매시장 돼지 국물 집의 막걸리 한 잔 값이 십 원이었던 시절이다.

우린 백 원을 내고 막걸리 열두 잔을 마시기로 흥정한 후 한 사람이 석 잔씩 마셨다. 혼자서 두 되는 마셔야 겨우 술트림이 날 주량들인데 낱잔 몇 잔으론 턱없이 부족했지만 다른 도리가 없었다. 안주는 소금을 친 돼지국물뿐이었다.

썰다 남은 돼지고기 몇 '모타리'라도 국물 속에 넣어주면 우린 주인의 고맙고 이쁜 손을 향해 "한 이백 년 정도 사시라"고 축원해 줄 수 있었는데… 그 주인은 모르긴 해도 틀림없이 축원이 얹어주는 장수는 누리지 못하고 일찍 죽었을 것이다.

실제로 황희 정승은 궁중에서 도둑질해 온 금잔을 제자리로 돌려주고 훔친 자의 목숨을 보전케 해준 음덕으로 20년을 더 살았다. 또 조선조 명종 때 상진 정승도 궁중의 수라간에서 금 밥그릇을 훔치다 들킨 별감에게 장물을 제자리에 갖다 두도록 하여 사형을 면하게 한 음덕을 베풀어 수명 보다 15년을 더 살았다는 기록이 있다.

한 해 겨울엔 팔공산 등반을 하다가 유리병 째로 들고 가던 '백화 수복'이란 청주병을 계곡 물 속에서 깨뜨린 적이 있다. 그러자 몇 몇 친구들은 얼른 물 속으로 뛰어들어 청주가 흘러가고 있는 계류수를 벌컥벌컥 마셨는데 알코올 기운은 1%도 되지 않았다.

그날따라 안주는 벼르고 벼른 끝에 장만한 간천엽과 어묵(오뎅)등이었는데 술 없이 먹는 음식은 정말 맛이 없었다. 그때 이 시를 알았더라면 소나무 위의 학에게 부탁해서라도 송로주 한 잔씩을 얻어 마셨을 텐데…

술꾼은 모름지기 취해서 잔 깔딱 잠에서 깨어나면 바로 집으로 돌아 갈 일이다. 술 마신 집이 '타워 팰리스'의 넓은 평

수의 아파트이거나 고대광실 높은 한옥이라 해도 더 머물려고 쭈뼛거리지 말고 자신의 누옥으로 돌아가야 한다.

박순도 친구의 초당 앞 이끼 낀 바위 옆에 차려둔 술상 앞에서 깜빡하고 잠이 들었나 보다. 아무리 둘러봐도 숲이 구름에 가린 선경일 뿐 여기가 어딘지 짐작하지 못한다.

친구도 접대하면서 마신 술이 과했는지 바위에 등을 기대고 졸고 있다. "친구야, 잘 먹고 가네. 깨우지 않고 그냥 가네. 다음에 또 보세." 박순은 설핏설핏 구름 속에서 얼굴을 내미는 기운 달과 함께 아까 땀 훔치며 올라온 길을 더듬거리며 내려간다.

술기운을 지팡이에 의지하니 한결 걷기가 편하다. 지팡이 끝에 박아둔 징이 길 위의 돌을 치니 숲의 적막이 깨어진다. 술 떨어질 때 송로주를 따라 주던 둥지 속의 학이 지팡이 소리에 놀라 부스스 일어나 새벽을 연다.

> 선가에서 취해 자다 깨고 보니 멍한데
> 흰 구름 골을 깔고 달도 잠겨 있는 때
> 서둘러 숲 밖으로 홀로 나서려는데
> 돌길의 지팡이 소리 자던 새가 알았네.
>
> —박순의 「방조운백」 첫째 수

들고 간 시집 한 권 다 읽고 얼음 같이 찬 계곡 물에 담가 뒀던 막걸리 병을 몇 번째 거꾸로 들고 쳐다본다. 이 곳 소나무 숲 속에 살고 있는 학은 끝내 송로주 한 잔 따라 주지 않는다. 천년을 산다는 학도 이렇게 조심(鳥心)이 야박한 걸 보니 돼지국물집 주인 여자처럼 오래 살지 않으려고 작정했나 보네.

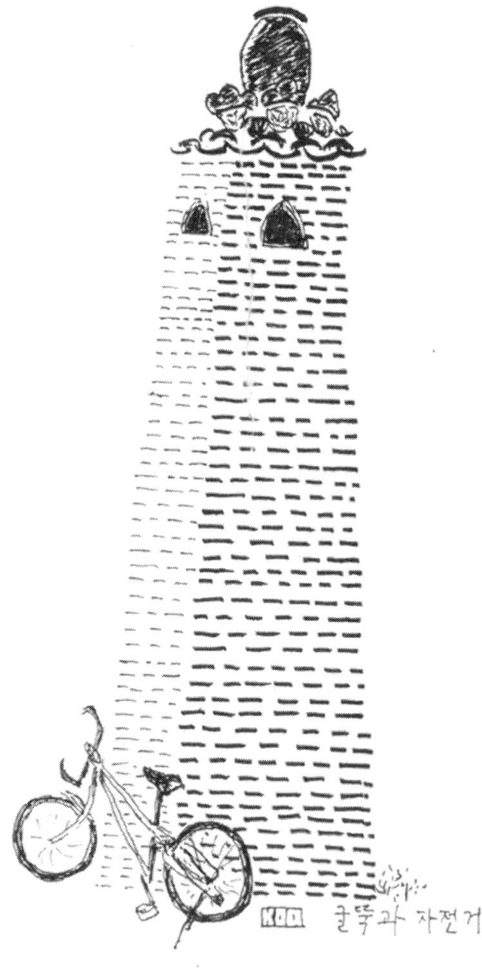
KOO
굴뚝과 자전거

3

에로스의 문턱을 넘지 못하고

에로스의 문턱을 넘지 못하고

옛날 과거를 보기 위해 길 떠난 선비가 주막을 지나쳐 어둠을 만났다. 인가를 찾아야 한 술 밥과 잠자리를 구할 터인데 난감했다. 문경 세재를 지나 충청도 어느 첩첩 산골쯤이었다. 사위는 조용한데 저 멀리 보일락 말락 하는 희미한 불빛을 발견했다. 선비는 체면 불구하고 문을 두드렸다.

문을 따 주는 주인은 눈가에 짙은 우수가 서려있는 젊은 여인이었다. 선비는 자신의 처지를 이야기하고 하룻밤 묵어가게 해달라고 간청했다. 그런데 문제는 부엌도 제대로 없는 단칸방이었다. 그렇지만 선비의 고단하고 허기진 행색을 외면하기에는 사정이 너무 급박했다. '남녀유별'이니 '남녀칠세부동석'이니 그런 말들은 어려운 형편 앞에선 한갓 사치스런 수사(修辭)일 뿐 말이 되지 않는 말이다.

여인은 별 반찬 없는 밥을 지어 선비에게 대접했다. 그런 연후에 비좁은 방에 이부자리를 깔고 잠자리에 들게 했다. 그러면서 여인은 이부자리 사이를 손으로 금을 그으며 "만약 정욕을 품고 이 선을 넘으면 선비께서는 짐승이 되는 것입니다"라고 말했다. 선비는 재워주고 먹여주는 것만으로도 감지덕지한 일이어서 '짐승이 한번 되어 볼까'란 아름다운 환상을 접어 버리고 만다.

여인과 선비는 호롱불을 끄고 누웠다. 그런데 이상한 것은 온종일 걸어 온 피로가 수면에 방해만 될 뿐 잠이 오지 않았다. 여인도 마찬가지였다. 하마나 짐승으로 둔갑하여 가랑이 사이의 요술 방망이를 들고 나오는 무슨 낌새가 있을 법 한데 선비는 짐승 되기를 포기하는 것 같았다. 눈 감고도 잠을 자지 못하는 밤샘은 차라리 형벌이었다.

동이 틀 무렵 여인은 몸부림을 치며 한쪽 다리를 선비의 다리 위에 걸치는 마지막 신호를 보냈다. 그래도 선비는 꼼짝하지 않고 누워 있었다. 여인은 비녀를 찾아 꽂으면서 "아이구 짐승만도 못한 것, 차라리 짐승이 낫지" 하고 중얼 거렸다. 선비는 아침밥도 제대로 얻어먹지 못하고 쫓겨났다. 그러면 그 선비가 과거에 합격이 됐을까. 천만에, 그런 싸가지 없는 선비가 벼슬을 하면 우리나라처럼 나라가 안 되는 법이지.

율곡 이이의 풍류 우화를 읽다가 문득 옛 우스개가 생각나 기억을 더듬어 적어 보았다. 율곡이 황주 기생 유지(柳枝)를 만나 "마음에 두긴 했으나 몸을 가까이 하지 않았다"고 실토한 기록을 보니 에로스의 문턱을 넘지 못한 두 사람의 타는 목마름이 안타깝기 짝이 없었다. 차라리 늑대 같은 짐승이 될 일이지 선비와 여인처럼 '짐승만도 못한 것'이 되면 따르는 후학들의 가슴에도 안타까운 멍이 새겨진다는 것을 그들은 왜 알지 못했을까.

한국 불교 선종의 중흥조인 경허(1849~1912)선사는 『혼불』을 쓰고 죽은 최명희처럼 '혼'으로 살다 간 선지식이다. 그가 충남 서산의 천장암에 머물고 있을 때 온몸이 피고름 투성이인 미친 여인이 암자로 찾아왔다. 밥 짓는 공양간 보살까지 여인을 끌어내려 했지만 선사는 자신의 선방으로 불러들여

열흘 동안 한 이불에 자면서 함께 몸을 섞는 고행을 통해 그녀의 정신병을 고쳐 주었다. 오천 원짜리 지폐에 얼굴이 새겨져 있는 율곡의 처사와 십 원짜리 동전에도 얼굴이 없는 경허를 비교해 보면 누가 옳은 일을 한 것일까. 분별없는 섹스가 때로는 모럴 해저드에 빠지는 경우가 더러 있긴 하지만 이런 경우엔 중생을 늪에서 건져 내는 보시 중에 보시가 아닐까.

유지는 선비의 딸이다. 신분이 몰락하여 황주 기생으로 있었다. 내가 황해도 감사로 갔을 적에 어린 기녀로 수종을 들었다. 날씬한 몸매에 얼굴은 맑았고 두뇌는 영리했다. 내가 그녀의 자태와 재능을 가련하게 여겼다. 그러나 처음부터 정욕의 뜻을 품은 것은 아니다. 그 뒤 내가 원접사(중국 사신을 맞는 벼슬)가 되어 평안도로 오고 갈 적에도 유지는 언제나 안방에 있었지만 하룻밤도 몸을 가까이 하지는 않았다. 계미년(1583·율곡의 나이 48세) 가을 내가 해주에서 황주로 누님을 뵈러 갈 때에도 유지를 데리고 여러 날 술잔을 함께 들었다. 해주로 돌아 올 때에 그녀는 조용한 절까지 나를 따라왔다. 그리고 이별하였는데 내가 밤고지(황해도 재령) 강촌에 묵게 되었는데 밤에 어떤 이가 문을 두들겨 나가 보니 유지였다. 불을 밝히고 이야기를 나눴다. 아! 기생이란 다만 뜨내기 사내들의 정을 사랑하는 것이거늘 이렇게 도의를 사랑하는 자가 있을 줄 알았으랴. 게다가 내가 받아들이지 않는 것을 보고도 부끄럽게 여기지 아니하며 도리어 감복하는 것은 더욱 보기 어려운 일이다. 아깝다. 여자로서 천한 몸이 되어 고달프게 살아간다는 것이. 그래서 노래에 사실을 적어 정에서 출발하여 예의에 그친 뜻을 알리는 것이다. 보는 이들은 그렇게 짐작하시라.

이 기록은 『율곡전서』에는 없고 이화여대 박물관에 소장되어 있는 율곡이 직접 쓴 글을 옮긴 것이다. 율곡은 황해도 관찰사로 부임하여 해주에 있을 때인 나이 서른여덟에 유지를 만났다. 율곡과 유지는 십 년이 넘도록 서로 사모하는 정을 키워왔지만 결국 가문과 벼슬의 체면에 꽁꽁 묶여 에로스란 하늘에 달려 있는 붉은 과일을 따먹지는 못했다.

강촌의 그날 밤, 사랑하는 이에게 몸을 주러 왔으나 받아들여지지 않고 거절당한 유지의 마음은 어떠했을까. 날이 밝자 율곡이 써 준 이별시 한 수를 품에 품고 남들의 눈을 피해 몰래 집을 나서는 유지의 모습을 생각하면 상처에 소금을 뿌린 듯 아리고 따갑다.

사창가의 노래인 「해 뜨는 집」(The House of The Rising Sun)을 들으며, 부끄러운 아침 햇살 속으로 쓸쓸히 떠나 간 유지를 추억한다.

고향집 앞에서

기획 연재물인 「구활의 스케치 기행」의 글쓰기를 마쳤다. 근무하던 매일신문에 매주 목요일 연재하던 절집 순례 답사기를 집필 2년 만에 100회로 끝을 낸 셈이다. 막상 펜을 놓으려 하니 답사의 결실인 보람은 어디론가 달아나고 여기 저기 빠진 곳이 너무 많아 아쉬움만 남는다. 인생도 이와 같다. 열반의 강을 징검다리 건너듯 훌쩍 훌쩍 건너 뛸 때 후회하지 않으려면 하루를 치열하게 살지 않으면 안 된다.

처음엔 꽉 찬 백 회보다 하나가 모자라는 99회로 마무리를 할 생각을 했으나 아귀가 맞는 백 회도 괜찮을 성싶어 꾹꾹 눌러 다 채우고 말았다. 마지막 회의 답사지는 그 동안 정신없이 찾아 다녔던 절집이 아닌 내가 태어나 유년을 보냈던 고향집으로 정했다. 그곳은 내 마음의 성소로 어머니 묘소 다음으로 자주 찾아가는 곳이다.

문이 굳게 잠긴 담 너머로 옛 고향집을 들여다본다. 듬성듬성 서있는 수목과 풀꽃들 사이로 온갖 추억들이 새록새록 살아나고 더러는 옛날이 그리워 이슬 맺히는 두 눈에 비쳐드는 햇살이 너무 눈부셔 고개를 떨굴 수밖에 없다. 내게 있어 고향집을 찾아가는 의미는 옛 선비들이 출타 전후에 사당에 올라가 위패로 모셔져 있는 선조들에게 "조상님, 이번에 먼 길을 좀 다녀올까 합니다." 하고 무엇을 고하는 의식에 다름 아닌 것이다.

낯선 타인이 주인으로 바뀌어져 있는, 아무도 문을 열어주는 사람이 없는 고향집 대문밖에 선다.

"햇빛이 있을 때 해야 할 일을 비 올 때까지 미루지 말고 비 올 때 해야 할 일을 햇빛이 날 때 하겠다고 미루지 말라. 나라의 공복으로 살아 온 아비는 가난하여 너희들에게 물려줄 재산은 없고 다만 근(勤)과 검(儉)이란 두 글자를 유산으로 물려주노라"는 전라도 강진으로 귀양 온 다산 정약용 선생이 자식들에게 보낸 편지의 한 구절이 높게 쌓아둔 돌담을 넘어 내 귓전에 일렁이는 것 같다.

네 살 때 세상을 버린 아버지, 한때는 섭섭하다 못해 미워지기도 했던 아버지가 오늘은 다산 선생처럼 아주 귀한 어른으로 느껴진다.

다산처럼 근과 검이란 정신적 부적도 제대로 물려주지 못하고 너무 일찍 이승을 떠나버린 아버지를 내 맘속에 가장 보고 싶은 '그리운 이'로 더욱 가깝게 모시고 나니 추억이란 흐릿한 화면이 고화질로 갑자기 선명하게 밝아진다. 마치 연속적으로 돌아가는 자동 환등기 같다. 계속 바뀌는 고향집 풍경은 이야기가 이야기를 물고 늘어진다. 나는 고향집 담장 바깥에 망연자실 서있다.

문경 희양산 자락에 있는 봉암사 굴뚝과 그 옆에 세워져 있던 낡은 자전거를 도화지에 그리는 것으로 시작한 첫 스케치여행이 전국의 산천을 돌아 이제 기억 속에 아득한 유년의 고향집 앞에 내려 피곤의 다리를 쉰다. 아무도 살지 않을 것 같던 고향집 마당에는 눈이 부실만큼 새하얀 빨래들이 바지랑대가 받혀진 빨랫줄에 걸려 불어오는 건들마에 휘날리고 어디선가 두런두런 사람의 소리가 들리는 것만 같다. 연 전에 산으로 떠나신 어머니가 흰옷을 입고 곧장 사립문 안으로 들어설 것만 같다.

그렇다. 그렇구나. 관직에서 물러나 수레를 타고 고향으로 돌아가면서 '귀거래사'를 읊은 도연명 선생도 바로 나와 같은 심사였으리라.

> 이제 집으로 돌아가자. 내 귀한 마음을 미천한 육체에 사역시켰었다. 지난 일은 후회한들 고칠 수 없고 어제의 일들이 모두 틀렸음을 깨달았다. 집에 돌아오니 어린 자식들이 문간에서 나를 기다려 주었고 안방에는 단지마다 술이 가득하구나. 오호, 정말 단지마다 술이 가득하구나. 무릎을 겨우 넣을 좁은 장소임에도 더 이상 편할 수가 없구나. 끝장이로다. 세속의 인연을 끊어 버리자. 다시 수레를 타고 무엇을 구하러 나갈 것인가. 어쩐지 생명이 끝이 나려는 것 같아 서글프구나.

사실 답사를 시작한 건 외로움 때문이었다. 외로움에서 벗어나기 위해선 철저히 외로워지는 방법밖에 다른 도리가 없었다. 그래서 혼자 떠났다가 홀로 돌아왔다. 보아라. 산 그림자도 외로워서 하루에 한 번씩 마을로 내려오고, 가진 것 없는 빈 마음들도 저물 무렵이면 주막 어귀로 모여든다. 사람만 외로움을 타는 것이 아니다. 벌과 개미가 모여 사는 것도, 바람과 구름이 한 곳에 머물지 못하고 흘러가는 것도 모두 외로움 탓이다. 산다는 건 외로움을 견디면서 혼자 울고 있는 것이다. 어쩌면 산다는 것은 겨울바람에 맞서는 문풍지의 떨림 같은 것이며 그래도 산다는 것은 눈물로 부르는 슬픈 노래 같은 것이다. 삼라를 주관하는 하나님도 더러 눈물을 흘리시는 까닭도 외로움 때문이란 걸 길 위에서 만나는 인연 때문에 터득했다. 그리고 '유적답사'라는 것도 사실은 자연이란 스승이 불러주는 것을 몽당연필로 '받아쓰기' 한 것이란 걸 그때 처음 알았다.

머잖아 이 도시의 빚을 청산하고 고향으로 돌아가려 한다. 달 밝은 밤, 봉창으로 몰래 들어온 달빛이 방바닥에 달빛 홑이불을 펴면 그걸 덮고 잠을 자리라. 그리고 신문지로 도배한 '벼름박'에 천상병 시인의 「귀천」이란 시를 족자로 걸어 두고 생애를 보내리라.

나 하늘로 돌아가리라. 새벽빛 와 닿으면 스러지는 이슬 더불어 손에 손을 잡고, 나 하늘로 돌아가리라. 노을 빛 함께 단 둘이서 기슭에서 놀다가 구름 손짓하면은, 나 하늘로 돌아가리라. 아름다운 이 세상 소풍 끝내는 날, 가서, 아름다웠더라고 말하리라.

소록의 별밤

소록도는 전라도의 끝자락에 있다. 일제가 나환자들을 사회와 격리시키기 위해 소록도를 수용소로 지정하자 전국의 환자들은 절름거리는 다리를 끌며 이 섬으로 몰려들었다. 전라도는 황토 땅이다. 오뉴월 염천 속의 붉은 황토 길은 숨 막히는 설움의 길이자 저승길이었다.

> 가도 가도 붉은 황토 길/ 숨 막히는 더위뿐이더라./ 낯선 친구 만나면/ 우리는 문둥이끼리 반갑다./ 천안 삼거리를 지나도/ 수세미 같은 해는 서산에 남는데/ 가도 가도 붉은 황토 길/ 숨 막히는 더위 속으로 쩔름거리며/ 가는 길…/ 신을 벗으면/ 버드나무 밑에서 지까다비를 벗으면/ 발가락이 또 한 개 없다./ 앞으로 남은 두 개의 발가락이 잘릴 때까지/ 가도 가도 천리 길 전라도 길
>
> —한하운의 시 「전라도 길」

동네 아이들의 돌팔매가 날아오는 황토 길을 따라 이곳으로 숨어 든 환자들은 고향의 빛 밝은 하늘과 꿈에서만 만나는 피붙이들이 보고 싶어도 다만 마음속으로 삭일 뿐 그리움에 몸을 떨며 그렇게 죽어 갔다.

이곳 사람들은 자신이 죽으면 하늘의 별이 된다고 믿고 있

다. 그래서 소록의 하늘은 많은 사람들의 맑은 영혼들이 올라가 별 밭을 이뤘음으로 여느 하늘 보다 영롱하고 아름답다. 하늘에 별이 되려면 천국을 오르는 계단이 있어야 할 텐데 그런 것은 없다. 교회 첨탑 끝 아스라이 높은 십자가 꼭대기도, 사흘이 멀다 하고 뭉게구름이 피어오르는 화장장 굴뚝도 저 높은 곳을 향하는 지름길은 아니다. 그러나 이곳 환자들은 그 길을 훤하게 알고 있다. 그 길은 마음 깊은 곳으로 뚫려 있고 잃어버린 손가락과 발가락이 하늘로 올라가는 날개의 깃털이 된다는 것을. 그들은 그것을 누구보다 잘 알지만 남들에겐 결코 가르쳐 주지 않는다.

소록도 사람들은 잠들기 전에 별을 보고 해 뜨기 전에 다시 별을 본다. 울면서 걸어온 붉은 황토 길의 서러운 기억도, 남기고 떠나온 첫사랑의 추억도 별밤에는 능히 지울 수 있다고 믿기 때문이다. 그들은 음지에 살면서 양지를 지향한다. 그래서 영혼의 안식처인 다시 말하면 죽고 나서 혼백이 모셔지는 만령전을 소록도에서 아침 햇살이 가장 먼저 드는 곳에 세운 까닭도 평생 별을 보며 숨어살아 온 생애를 눈물을 뿌려가며 추억해 보기 위함이다.

> 소록도 사람들이 이리로 올 때/ 잊기로 한 고향 이야기들은/ '순바구 길' 옆 대숲 속에 있다./ 그 대숲에 가면/ 빛바랜 사연들이 댓 닢에 매달려/ 후두둑 몇 자락씩 떨어진다./ 그래서 댓 닢들은 바람이 없는 날에도 사운거린다./ 그러다 어느 날, 그 이야기들 중 오래된 것들이/ 하얀 날개를 달고 건너편 만령전으로 조용히 날아가/ 사람들이 잠든 깊은 밤에 하늘에 올라가 별이 된다./ 소록도 사람들의 고향이/ 차라리 없는 것만 못한 고향으로/ 멀어지면서부터/ 가슴에 묻어둔 그 고향집 툇마루엔/ 그리움으로 빚은 파랑새 한 마리가/ 하루에도 수십 번 다녀가곤 하지만/ 떠나보낸 이들은/ 눈치 채지 못 한다/ 소록 사람들이 섬을 떠날 땐/ 구북리 바닷가에 흰 연기로 피어오르고/ 그날 밤 만령전엔 그 새가 앉았다가/ 마지막으로 고향을 한번 다녀와서/ 하늘에 올라 별이 된다는 것을/ 소록도 사람이 아니면 아무도 모른다./ 소록의 별밤을 아름답다고 말하지 말라.
>
> ―정학의 시 「소록의 별밤」

그러나 소록도 사람들은 붙박이 별로 하늘에만 눌러 살지 않는다. 비가 오거나 눈이 오면 빗줄기와 눈발을 타고 내려와 이승에서의 흔적을 찾아 헤매며 서럽게 운다. 그리고는 편지를 써서 고향으로 보낸다. 주소도 쓰지 않고 우표도 붙이지 않고 그냥 부친다. 그러면 지나가는 새들이 한 두 장씩의 편지를 물고 가 그리운 이들에게 일일이 전해준다. 답장은 바람으로 변한 새들이 다시 하늘로 올라간 별들에게 전해 주어 가보지 못한 고향소식을 듣게 된다. 그러나 아! 그러나, 그리운 이들에게 답장을 받지 못한 사람들은 꽃으로 주저앉아 섬을 붉게 물들이거나 제비 선창의 하얀 포말로 내려앉아 밤새도록 소리 내어 통곡한다. 사람들은 이것을 그리움이라고 말한다. 그리움은 사랑의 다른 이름이다.

중광스님이 내소사 주지라면

좋은 사찰은 멋진 스님을 만나야 한다. 스님 또한 좋은 도량에서 공부해야 깨우침에 쉽게 이르게 된다. 가람은 좋은데 이에 걸 맞는 스님을 만나지 못하면 항상 삼류 절집 신세를 면치 못한다. 그러나 절은 시원치 않아도 기품 있는 스님이 차고앉으면 그 공덕으로 사찰의 품격은 높아지고 품새는 더욱 넉넉해져 신도들로부터 우러름을 받게 되는 것이다.

이 도회지에 앉아 그간 다녀온 절을 머릿속에 그리자니 너무나 선명하게 떠오르는 곳이 있는가 하면 어떤 사찰은 이름은 알아도 얼른 떠오르지 않는 곳도 있다. 이번 석 달 보름간의 작정하고 떠난 답사기간 중 무려 백여 개가 넘는 사찰을 둘러보고 열심히 사진 찍고 메모하는 것을 게을리 하지 않았다. 그러나 한 아름이나 되는 사진들을 늘어놓고 정리를 하다 보니 길 잃고 제목을 잃어버린 대웅전이 한둘 아니었다.

전북 부안에 있는 내소사는 내 의식 속에 너무나 또렷하게 각인되어 있다. 몇 번 본 영화처럼 화면의 바탕은 대웅보전의 꽃 창살이 화면에 깔리면서 '내소사'(來蘇寺)란 글씨가 컴퓨터 그래픽에 의해 사방에서 튀어나와 복판의 정점으로 밀려들다 다시 밖으로 페이드 아웃된다. 그러다가 일주문에 붙여져 있는 '능가산 내소사'란 횡액이 전나무 숲길을 가로질러 달려와

선 대웅보전의 길게 늘어뜨린 쇠서를 핥는 듯하다가 팔작지붕을 휘돌아 이웃 봉래루로 넘어간다.

그러니까 가만히 생각해 보니 내소사는 프랑스 영화처럼 재미있다. 아니다. 내소사 자체가 프랑스 영화다. 그러면 내소사의 주지스님도 영화처럼 재미있는 그런 스님이었으면 좋겠다는 생각에 미치자 나는 한참 잊고 있었던 중광 스님이 생각났다. 정말 중광 스님이 내소사를 맡는다면 절 집은 약간 개판이 되겠지만 하나의 이벤트 사찰로서 괜찮을 것 같았다. '내소사의 주지는 중광 스님이다'란 가정을 세우고 나니 기발한 생각을 하게 된 내가 무척 대견스러워 보인다.

1980년대 중반이었던가. 서울 동대문 옆 감로암에 살고 계시는 걸레 스님 중광으로부터 전화가 왔다. "야, 난데. 오늘 대구에 내려갈 건데, 너희 집에서 잘 거여." 목소리만 들어도 중광 스님인줄 뻔히 알겠는데 "난데가 누구여" 하고 능청을 떨었다. "너 네 형님도 몰라, 똥강아지 같으니." "난 형님이 없는 데유." "오후 3시 40분에 도착할거여, 알았지." 찰칵하고 전화는 끊겨 버렸다.

중광 스님은 김태선 선생과 함께 동대구역에 내렸다. 김태선 선생은 건축학도였다. 그는 뉴욕에서 건축을 전공하다 무심결에 사진에 빠져 열심히 카메라 공부를 하던 중 어느 날 길거리에서 걸레 스님을 만났다고 했다. 흔히 사랑이 그렇듯 김 선생은 중광 스님을 보는 순간 "바로 이 사람을 찍어야 해" 하고 그 자리에서 얼어붙어 버렸다. 중광 스님 또한 공짜 카메라맨이 제자로 따라 붙는 게 싫지 않아 미국에서의 볼일을 대충 끝내고 아프리카 여행까지 함께 했다고 한다.

중광 스님이 우리 집 앞에 도착하자 동리 사람들이 금방 모여들었다. 어떤 사람은 "영화를 찍더라."고 소문을 내 사람들의 행렬은 좀처럼 줄어들지 않았다. 집안으로 들어 온 중광 스님은 러닝셔츠와 팬티 바람으로 오만 구석을 뛰어 다녔다. 스님의 러닝셔츠는 젖 가슴팍을 칼로 도려내어 마치 브래지어를 걸치고 있는 것 같았다.

우리 집 아이들은 스님이 그러고 다니시는 게 신기한 듯 졸졸 뒤를 따라 다녔다. 그러나 접대를 해야 하는 아내는 눈 둘 곳이 없어 애를 먹는 눈치였다. 이튿날 아침 항공편으로 도착한 여성 치과의사와 보살님 한 분을 맞아 아침식사를 마치고 스님 일행이 운문사로 떠난 후에야 우리 집은 겨우 평온을 되찾아 일상으로 돌아갈 수 있었다.

내소사를 말하려다 얘기가 잠시 옆으로 빗나갔다. 내소사를 이야기하기 전에 미당 서정주 시인의 '내소사 대웅전 단청'이란 시 한 편을 읽어보자.

> 내소사 내벽 서쪽의 맨 위쯤 앉아 참선하고 있는 선사, 선사 옆 아무 것도 칠하지 못하고 너무나 휑하니 비어둔 미완성의 공백을 가 보아라. 그것이 바로 그것이다. 이 대웅보전을 지어놓고 마지막으로 단청사를 찾고 있을 때, 어떤 해 어스름 제 성명도 모르는 한 나그네가 서(西)로부터 와서 이 단청을 맡아 겉을 다 칠하고 보전 안으로 들어갔는데, 문고리를 안으로 단단히 걸어 잠그며 말했었다. "내가 다 칠해 끝내고 나올 때까지는 누구도 절대로 들여다보지 마라" 어느 방정맞은 중 하나가 그만 못 참아 뚫어진 창구멍 사이로 그 속을 들여다보고 말았다. 이쁜 새 한 마리가 천정을 파닥거리고 날아다니면서 부리에 문 붓으로 제 몸에서 나는 물감을 묻혀 곱게 곱게

단청해 나가고 있었는데, 사람 기척에 "아앙" 소리치며 떨어져 내려 마루 바닥에 납작 사지를 뻗고 늘어지는 걸 보니, 그건 한 마리 불 호랑이었다. "대호 스님! 대호 스님! 어서 일어 나시겨라우" 중들은 이곳 사투리로 그 호랑이를 동문 대우를 해서 불러댔지만 영 그만이어서, 할 수 없이 그럼 내생에나 소생하라고 이 절 이름을 내소사라고 했다. 그러고는 그 단청하다가 미처 다 못한 그 빈 공백을 향해 벌써 여러 백 년의 아침과 저녁마다 절하고 또 절하고 내려오고만 있는 것이다.

이 산문시에 적혀있는 씹으면 씹을수록 곰삭은 맛이 나는 이 내소사 이야기는 '삼라가 모두 미완'이란 메시지를 강하게 전하고 있는 것은 혹시 아닐까.

내소사는 법당 안의 빈 단청 얘기만으로 '완결치 못한 허무'의 얘기를 끝내지 않는다. 내소사 법당 안 오른쪽 천장 밑에 다포를 이루고 있는 공포, 쉽게 말하면 장식으로 끼워놓은 목침만한 나무토막 하나가 빠져 있는 것이 이 절의 허무와 미완을 완결한다. 조선조 인조 11년(1633) 청민 선사가 절을 중창하면서 유명한 목수 한 사람을 데려온다. 그는 3년 동안 절은 짓지 않고 목침같이 생긴 나무토막만 깎고 또 깎았다.

언제나 일을 낭패시키는 건 절에서나 속에서나 방정맞은 자의 소행이기도 하지만 장난기 많은 동자스님 하나가 목수가 정성 들여 깎아 놓은 목침 한 개를 감추어 버렸다. 다포로 엮을 목침 깎기를 마친 목수가 숫자를 세어보니 한 개가 부족했다. 목수는 자신의 실력이나 신심이 절을 짓기에 합당치 않다고 생각하고 포기하려 했다. 이 때 동자승이 감춰 뒀던 나무토막을 내놓지만 부정 탄 물건은 쓸 수 없다 하여 결국 한

토막은 미완으로 비어두고 법당 짓기를 끝냈다고 한다.

지금도 내소사를 찾는 사람들이 참배는 하지 않고 "뭣이라, 그게 어디에유." 하고 물을라치면 법당을 지키고 있는 보살님은 "들어와서 참배나 하고 저기를 봐유." 하고 퉁명스럽게 대답한다. 그러면서 한 술 더 떠 "사진 찍지 말아요." 하고 한마디 더 보탠다. "젠장, 법당 안에서 사진 좀 찍으면 단청이 닳나. 서까래가 썩나." 이런 불평들이 입 밖으로 쏟아질 듯 하지만 꾹 참고 보살님이 보는 앞에서 불전 1천원을 낸 후 돌아서서 카메라 플래시를 터트리니 보살님은 봐도 못 본 척 벌써 부처님 마음이 다 되어 있었다.

중광 스님이랑 자주 만날 그 때는 신문사의 부장인가를 하고 있었다. 스님은 그날 서울로 올라가면서 "감로암에 와서 애 한번 먹여 봐." 하곤 훌쩍 떠나버렸다. 얼마 지나지 않아 무슨 세미나가 서울 프레스 센터에서 열렸다. 나는 중광 스님이 던지고 간 "애 한번 먹여 봐"란 말씀이 생각나 감로암에 전화를 걸었다. "스님, 나 오늘 서울 가요. 법당 앞에 술상 좀 봐 놓아요." "알았어, 마중은 안 나가도 되겠지."

친구 둘을 데리고 오후 어중간한 시각에 감로암으로 들이닥쳤다. 법당 옆 요사채 비슷하게 생긴 부엌에는 끓는 물속에 대병 청주 두 병이 데워지고 있었다. 스님은 술상을 법당 앞에 차려야 할지 아니면 자신이 기거하는 골방에 차려야 할지를 약간 고민하는 것 같았다. 그래서 나는 마음의 부담을 한시라도 빨리 들어주기 위해 "스님, 오늘 저녁 예불은 자동 생략입니다 그려." 하고 말씀드렸더니 "넌 뭔가 너무 알아" 하고 빙긋 웃는다.

대웅전이랄 것도 없지만 어쨌든 우리는 법당 앞에 술상을 차리고 조기찜을 비롯하여 기타 등등 부처님도 항마촉지인을 한 손가락을 풀고 맛 좀 보았으면 하고 싶을 정도의 안주로 청주를 마셨다. 내 옆에 앉아 계시던 중광 스님의 어머님, 지금은 돌아가시고 이 땅에 계시지 않는 혜련 스님이 "저놈이 너희 집에 가서 애를 많이 먹였다면서"라고 말씀하시면서 내 손을 꼭 잡아 주셨다. 우리는 그날 종로 2가에 있는 로망스란 술집까지 밀고 나와 흠뻑 취할 정도로 마셨다.

전라북도 부안군 진서면 석포리에 있는 내소사를 들를 때마다 나는 왜 중광 스님이 내소사의 주지스님이 되었으면 좋겠다고 생각했을까. 중광 스님의 승적을 박탈하고 종단에서 쫓아낸 조계종의 간부들이 알았다면 가당치도 않다면서 고개를 절레절레 흔들 테지만 나는 동의하지 않는다. 허기야 내가 동의하고 안하고 간에 대세에는 아무 변화가 없겠지만 나의 생각은 요지부동이다.

그것은 내소사가 미완이어서 공허하고 중광 스님 또한 견성성불 이전에 완성되지 못해 공허한 것은 같은 이치다. 내소사의 단청 한 부분이 비어 있고 다포 집의 나무 한 토막이 끼워져 있지 않다고 해서 어느 누가 내소사의 아름다움에 험담을 늘어놓을 수 있단 말인가. 사람이나 물건이나 모든 삼라는 어느 한 쪽이 비어있는 미완일 때가 진정으로 아름다운 것이지 완성되어 있다는 사실 자체가 오히려 불편하고 불결할 것 같다.

'비어 있음'이란 허(虛)의 상태를 기하학적인 공간으로 이해해서는 안 된다. 더욱이 곳간이 비어있는 양적 부족 개념으로 받아들여선 더더욱 안 된다. 그래서 노자의 도덕경에도 '스스로 그러하다'는 자연(自然)도 '허'를 유지한다고 하지 않았는

가. '허'야말로 자연과 더불어 인간의 언어가 멈추는 곳인 무칭지언(無稱之言)이나 궁극지사(窮極之辭) 부근쯤에 존재하는 것이 아닐까.

내소사의 빈 단청이 빠져있는 공포를 보고 웃고 그 공포는 미완의 중광 스님을 향해 박장대소하고 그러면 중광 스님은 단청과 공포 앞에 서서 꽉 찬 충만의 허구와 위선을 발기발기 찢어 놓을 수만 있다면 얼마나 좋으랴. 흔히 화두는 이뤄질 수 없는 것들의 집합이라고 말한다. "중광 스님이 내소사 주지라면" 요즘 내가 들고 있는 화두다.

안개와 노을

낚시꾼은 물안개를 좋아한다. 새벽 낚시터에서 피어오르는 물안개는 가히 환상적이다. 젊은 한때, 낚시터의 물안개가 너무 좋아 낚시는 하는 둥 마는 둥 하고 새벽을 기다려 이 풍경 속에 자주 빠지곤 했다. 텐트 안 침낭 속에서 맞는 아침은 신선하고 경이롭다.

입고 자던 팬티를 반쯤 내리고 턱을 괴고 엎드리면 밤새 침낭 속 오리털 사이사이에 배어 있던 체온이 다시 살갗으로 전해오는 따뜻한 온기의 쾌감. 꺾여진 갈대 사이로 물안개가 자욱하게 피어오르는 수면을 새벽 졸음이 잔뜩 묻은 실눈으로 바라보면 생각 속의 근심은 말끔하게 사라져 버리고 만다. 낚시터의 상쾌한 아침.

산꾼은 안개와 노을을 좋아한다. 산행 중에 짙은 안개에 갇혀 길을 잃어버리는 경우도 더러 있지만 구름 모자를 쓰고 있는 산 할아버지의 모습을 치어다보는 것은 정말 좋다. 그것보다 가장 높은 산꼭대기에 올라 앉아 운해 속에 불쑥불쑥 솟아 있는 산봉우리들을 내려다보는 맛은 또 다른 오르가즘, 자전거를 타고 내리막길을 두 다리 들고 신나게 달리는 맛보다 오히려 낫다.

골짜기를 타고 서서히 내려오다 두고 온 무엇이 불현듯 생각난 듯 갑자기 산꼭대기 쪽으로 뒷걸음치는 안개의 유희. 산에서 부는 바람이 음계처럼 작용하여 계곡의 안개를 안단테(조금 느리게)로 끌어내리다가 때론 비바체(빠르고 활발하게)로 밀어 올리기도 하는가 보다. 아니면 하늘이 흔드는 지휘봉에 따라 계곡과 능선에 머물던 안개가 고저장단에 맞춰 춤추며 자리바꿈하는 모습이 인간의 눈에는 구름의 흐름으로 비치는 모양이다. 그래서 산은 신비롭고 안개는 더욱 신묘하다.

찾아오는 이 아무도 없는 비라도 내리는 날, 암자의 법당 뒤를 감싸고도는 안개의 일렁거림은 처마 끝에서 떨어지는 낙숫물 소리와 묘한 조화를 이뤄 여기가 바로 선경임을 일러준다. "나는 어디에서 왔으며 어디로 가고 있는가"란 선문답 같은 물음에 대답하지 않아도 된다. 온 곳이 없으니 갈 곳 또한 없는 것일 뿐.

때론 안개가 산허리에 띠를 두른 저물녘에 산정에 서 있으면 기가 찬 노을을 만날 수 있다. 들판을 가로 질러 서쪽 하늘에 유화로 걸려 있는 노을도 좋지만 갯벌 너머에서 지는 해가 보내주는 마지막 성찬은 정말 가슴 속에서 환희가 넘쳐 말문이 턱턱 막힐 정도인 것을. 강화도 보문사 눈썹바위에서 전득이 고개로 달리는 능선종주 길에 만난 쇳물을 끓여 부은 듯한 그 장려한 낙조는 너무나 엄숙하여 이 세상에 있는 신들을 모두 불러 함께 기도라도 드리고 싶었다.

이렇게 안개와 노을을 사랑하는 사람들은 대부분 연하벽(煙霞癖)에 걸려 입산하게 된다고 한다. 당시(唐詩) 중에 김지장 스님이 쓴 '동자를 산에서 내려 보내며'란 시의 끝 구절에 있는 "늙은 중에게야 안개와 노을이 있지 않느냐"(老僧相伴有煙霞)고 자조에 가까운 탄식을 보면 산승의 반려로는 연하가 제

격인 줄 저절로 알게 된다. 그런데 나는 아직 저자거리를 배회하는 낭인으로 버티고 있으니 얼마나 더 안개와 노을을 좋아해야 산으로 들어가 산울림 영감과 친구하여 놀 수 있을는지 아득하기만 하다.

조선조 성종 때 함양의 고을 원을 지낸 김종직은 마흔 둘에 친구와 하인 몇 사람과 함께 지리산에 올라 기행문인 「유두류록(遊頭流錄)」을 쓴 적이 있다.

> 아홉 고개를 지나고 산등성이를 따라 걸어가니 지나는 구름이 갓을 스쳤다. 풀과 나무는 비가 오지 않았는데도 젖어 있었다. 능선의 나무들은 바람과 안개에 시달려 가지와 줄기가 왼쪽으로 휘어져 흰 머리카락이 바람에 나부끼는 듯하였다. 그때서야 비로소 산이 하늘과 멀지 않았음을 알았다.

지리산에 가고 싶다. 내가 제일 좋아하는 산이 지리산이다. 삼복 무더위도 끝났고 칠월 백중(百中)도 지났으니 찬 기운이 올라와 지리산의 최고 명물인 운무와 운해를 만드는 최적기가 지금이다. 지리산 능선 부근의 암자에서 며칠 머물 팔자는 못 타고 났더라도 이박삼일 정도의 종주 길에 올라 능선에선 바람도 만나고 연하천에선 안개도 만나고 그리고 벽소령 산장에선 조선솥 뚜껑 보다 더 큰 둥근 달도 보고 싶다.

그리고 하산 길 저녁 무렵엔 산골 마을 전체를 뒤덮는 하얀 연기도 만나고 싶다. 그 연기 속에 숨어 있는 순한 솔가지 타는 내음을 맡으려 자꾸만 코가 벌름거리며 따라가던 어릴 적 추억도 재연해 보고 싶다.

풍류는 혼자 누리되 다만 꽃과 새가 따라와 함께 하는 것을 용납한다. 진솔함을 누가 알아주랴만 안개 노을의 공양은 받을 만하다. 세상일을 다 잊을 수 있고 온갖 것에 모두 담담할 수 있지만 여태 담담할 수 없는 것은 좋은 술 석 잔이다.

중국 청나라 문인 장조의 유몽영(幽夢影)에 있는 구절이다. 어쩌면 안개를 쫓아 산으로 들어가고 싶은 내 마음을 들여다보고 쓴 듯하여 자다가 벌떡 일어나 읽고 또 읽는다. 꽃과 새에 둘러싸여 안개 노을 공양 받으며 좋은 술 석 잔이라. 허참!

기억속의 우울한 귀향

이제 이 도시를 떠나야 한다. 젊음을 바친 직장도 미련 없이 버리고 떠나야 한다. 어쩔 수 없이 도시에 살고 있는 미워진 자신까지도 버려야 한다. 날이면 날마다 거듭해 오던 이별 연습도 마감하지 않으면 안 된다. 멋진 귀향, 화려한 이 한 마디를 앞세우고 나는 돌아가야 한다. 잃어버린 고향이 그 어딘지 몰라도 기어이 나는 돌아가고야 말리라. 가서 집을 지으리라.

집 뒤엔 얕은 언덕과 구릉이 먼 산으로 이어져 있고 먼 산은 걸어서 반 마장 정도 거리에 있었으면. 그 곳에 살면서 저녁 무렵이면 언덕에 올라 서산의 해를 배웅하며 붉게 물드는 황혼을 보리라. 그 장려한 낙조 속에서 내 저리고 아팠던 청춘과 생애를 다시 보리라.

집 앞에는 실개천 보다 좀 더 넓은 거랑(川)이 크고 작은 조약돌로 모자이크되어 있고 그 조약돌 사이로 맑은, 정말로 맑은 시냇물이 일 년 사철 흘러가는 곳. 투망이나 반두를 들고 걸어서 한번쯤 쉬고 닿을 수 있는 거리. 낡은 자전거라도 있으면 단숨에 이를 수 있는 곳. 그런 곳에 살리라. 정말 그러리라.

강변 여기저기엔 키 큰 미루나무. 동네 입구에는 폭넓은 정자나무 한 그루가 노인들과 조무래기들을 불러 모으고. 아, 우리 집 입구에 들어서면 감나무 숲 속에 갇힌 듯한 토담집 하나가 그림처럼 아름다워라.

서쪽 담벼락에 붙어선 키 큰 참가죽나무 한 그루는 해마다 햇순을 피워내, 그래서 봄마다 상큼한 입맛을 돋워 주고. 동쪽 우물가에는 갓 튀겨낸 박산을 뒤집어쓴 듯한 조팝나무 군락 속에 박태기나무 한 그루가 서 있는 우리 집. 그리워 그리워하면서도 꿈에서만 찾아가는 아름다운 집.

찌그러진 두레박으로 길어낸 우물물은 바로 앞 토란 밭으로 비워지고 녹색 우산을 받쳐 든 수줍은 새색시 같은 토란들의 미소가 모여져 아침마다 수정 같은 물방울이 돌 돌 도올 굴러 떨어지는 곳. 사립문에서 처마 밑 섬돌까지는 열 발자국 아니 스무 발자국쯤. 비 오는 날을 위하여 동리 곳곳에 흩어져 있는 맷돌과 풀메 조각으로 징검다리 식 디딤돌을 만들어야지.

집 경계인 흙돌담 벽면에는 그 동안 산천을 돌아다니며 탐석했던 수석을 가려 뽑고 남은, 선에 들지 못한 형형색색의 돌들로 멋을 부려야지. 남은 땅은 채마밭과 꽃밭을 반반씩 일궈야지. 그래서 계절이 옷을 갈아입을 때마다 상추 쑥갓 오이 실파 아욱 부추 가지 등 온갖 푸성귀를 키우고 꽃밭은 봉선화 채송화 맨드라미 접시꽃 나팔꽃 등을 적절하게 어우르고 배열한 후 대추나무 아가배나무 꽃 사과나무 등 유실수도 심고. 그래, 오디 열매가 주렁주렁 달리는 뽕나무 한 그루쯤 심는 것도 잊지 말아야지.

어느 빛 밝은 날, 나를 찾아오는 손님이 문간을 들어서면서 "이거 고향이네. 정말 고향이야"하고 소리칠 수 있도록. 그렇게 우리 집은 고향에서만 볼 수 있고 느낄 수 있는 풀꽃들과

나무들을 가득 심어야지. 이렇게 아름다운 나의 집.

서쪽 감나무 밑에는 낟알과 굼벵이 지렁이 따위를 쪼다가 지친 닭들이 하루의 피로를 풀 수 있는 닭장을 짓고 횃대도 높이 올려야지. 닭들은 동트기 전부터 부윰하게 밝기 시작하는 동녘 하늘만 보고도 새벽을 알리는 꼬끼오를 목청 높여 노래할 수 있도록.

동창이 있는 서재에서 밤늦게 까지 글을 쓰다가 새벽을 알리는 계명성을 꿈속 같이 아련하게 들을 수 있도록. 간혹 찾아오는 친구들과 늦은 술을 들다 그대로 쓰러져 자다가도 꼬끼오 소리에 벌떡 일어나 찬물 한 바가지를 벌컥벌컥 들이 킨 후 아직 모든 것이 잠들어 있는 신 새벽의 숲길을 취한 걸음으로 걸을 수 있도록. 아, 그 축복의 나라 속에 있는 작은 나의 집.

늦은 아침상을 들고 있는데 두 그루가 자라 마치 한 그루의 나무처럼 되어버린 쌍둥이 감나무에 둥지를 틀고 있는 까치들이 집 주위를 선회하며 까 까까 까악 하고 신나게 떠들어대는 곳.

이미 반백으로 늙어버린 아내가 "여보, 아이들에게서 무슨 좋은 기별이 올려나 봐요"하고 아직 우체부의 붉은 가방 속에 들어 있는 소식을 까치를 통해 미리 알아차리기라도 하면 그 궁금증 때문에 아침 식욕을 잃어버리는 나의 집.

나는 정말 그런 곳에서 살리라. 여름밤이면 처마 밑에 매달아 둔 멍석을 깔고 마당 어귀 여기저기에 엉겅퀴와 쑥대 등을 말린 건초들에 모깃불을 지피고 아스라이 치어다 보이는 은하수 너머에 마음까지 올려 보낼 수 있는 곳.

짧은 생애동안 별의 시만 쓰다 간 시인 윤동주를 생각하다가 스테파네트 아가씨를 통해 아름다운 목동의 이야기를 들려 준 알퐁스 도데 선생도 자주 떠올릴 수 있도록.

그것도 지겨우면 동리 주막에서 가져 온 모가지에 줄을 묶어 넣어둔 우물 속의 막걸리를 꺼내 풋고추 된장 열무김치를 안주 삼아 조촐한 술판이라도 벌여야지. 겨울이면 짚동 사이에 얼지 않게 갈무리해 둔 홍시를 꺼내 먹거나 짚 봉태기 속에 낳아 둔 씨암탉의 달걀 몇 개를 무명실로 감아 질화로의 불씨 옆에 파묻어 두었다가 꺼내 먹는 맛.

오후부터 내린 눈이 지붕 위에 한 자쯤 쌓이면 혹시 무게를 이기지 못한 서까래들이 우지끈 소리를 낼까 보아 긴 대나무 장대로 쌓인 눈을 털어 내는 야간 노동의 괴로움과 즐거움. 아, 꿈속에서만 천 날 만 날 찾아가는 그리운 그곳으로 돌아가야지.

그러나 나는 아직 이 도시에 머물러 있다. 잠자리에서 일어나 도시의 회색 하늘을 쳐다보며 자신에게 "왜 머물고 있는가"고 질타하고 "어서 달려가라"고 재촉한다. 그러나 이곳에서 맺고 있는 인연의 끈들을 풀거나 끊기에는 시간과 여건이 예사롭지 않아 "그래 알았어" 하고 약간의 말미를 줄 것을 간청하곤 한다.

그러면서 한편으로는 이렇게 우물거리고만 있다가 영영 돌아가지 못하는 것이 아닐까 하고 왈칵 겁이 날 때도 있다. 나의 몸과 기억들이 더 이상 쇠잔해지기 전에 피곤한 육신이 안주할 수 있는 곳으로 떠나야 할 텐데.

고향을 생각하면 그저 가슴만 답답하고 기억 속의 그곳은 아득할 뿐이다. 그래서 꿈속에서 자주 행하는 나의 귀향은 우울하기만 하다.

산에서 길을 잃어버리고 싶어

"숲속에 숨어 있는 절을 그려 보게." 화동들은 스승이 시키는 대로 숨바꼭질 하듯 꽁꽁 숨어 있는 산사를 그리는데 온 정신을 집중하고 있다. 어떤 아이는 솔숲에 가려 보일락 말락 하는 절간 처마를 그린다. 또 어떤 화동은 소나무 둥치 뒤에 서 있는 석탑을 그리면서 연신 흐르는 콧물을 옷소매로 훔치고 있다.

스승이 아이들 사이를 한 바퀴 휙 둘러본다. 마음에 드는 그림이 없나 보다. 덤덤한 표정이다. 그런데 아까부터 무리에서 벗어나 산속 옹달샘을 보며 부지런히 스케치하는 소년이 보인다. 스승은 손짓으로 그를 불러 그린 그림을 펴보라고 한다. 수줍은 듯 혹은 자신이 없는 듯 겨우 펼쳐 보이는 그림 속에는 동자승이 물동이를 지고 산속으로 걸어가고 있다.

스승은 무릎을 탁! 쳤다. 오늘 화동들에게 가르치고자 했던 '보이지 않는 곳의 보임'이 화폭 속에 가득 담겨져 있지 않은가. 스승은 소년이 그린 '숨어 있는 절' 그림을 아이들 앞에 아무 설명 없이 보여주는 것으로 하루의 사생 수업을 마친다.

'숨어 있는 절'을 솔숲에 가려 보일락 말락 하는 처마 끝으로 표현한다면 그것은 이미 드러난 절이지 더 이상 숨어 있는 것이 아니다. 이러한 '보이지 않는 곳의 보임'이 미술에선 여백으로, 문학에선 상징과 은유로, 영화에선 짠한 그리움만 남는 라스트신으로 나타나곤 한다. 그리고 일상 속에서의 풍류 또한 그림 속의 동자승처럼 숨어 있는 절간은 보여주지 않은 채 그렇게 은근하게 존재해야지 진짜 풍류가 아닐까.

약초를 캐다가 문득 길을 잃었네.
온 산봉우리가 단풍으로 물들고
산승은 물을 길어 돌아가네.
숲 끝에서는 차 달이는 연기가 피어오르네.
—이이의 시 「산중」

아침에 이 시를 읽다가 정말 문득 '숨어 있는 절' 이야기를 기억해 내고 내 나름의 견해를 붙여 보았다. 율곡 선생이 쓴 이 시에도 가을 속의 스님만 보이지 절간은 어디에도 보이지 않는다. 시 속에 산사란 낱말이 없다고 해서 절이 없는 것인가. 아니다. 절간은 차 달이는 연기의 현장에 있고, 물을 길어 가는 산승이 도달하는 곳에 아담한 암자로 분명 존재하고 있다.

여러 해 전 경산에서 열차사고가 난 적이 있다. 그해 한국기자협회 보도사진전에 '경산 열차사고' 사진이 금상을 받았다. 그런데 열차사고의 현장 사진인데도 열차는 보이지 않았다. 고무신 한 짝이 벗겨진 아낙네가 피 흘리는 어린아이를 안고 대성통곡하는 사진이었다. 그렇다. 변죽을 울려 복판을 설명하는 멋, 그런 멋이 바로 풍류이자 '숨어 있는 절'을 찾아가는 미로 찾기의 묘미가 아니겠는가.

가을 구름은 아득히 떠가고 사방 산은 텅 비어 있으니
낙엽은 소리 없이 땅에 가득히 쌓여 붉게 물들었네.
말을 시냇가에 세우고서 돌아가는 길을 물으니
미처 몰랐구나. 이 몸이 한 폭 그림 속에 있는 줄을."
—정도전의 시 「김거사 은거처를 찾아」

조선조 초기의 학자이자 정치가인 정도전이 쓴 아름다운 시다. 그는 구름 속으로 걸음을 옮기는 스님에게 "저 중아 게 있거라 너 가는 데 물어보자"는 식으로 대하지 않는다. 도리어 "저 중아 내가 돌아가야 할 길이 어디냐"고 산승에게 묻는다. 그러나 스님은 대답할 턱이 없다. 다만 막대로 흰 구름만 가리킬 뿐이다.

시인은 바로 그때 깨닫는다. 해탈이 별 게 아니다. "미처 몰랐구나, 이 몸이 한 폭 그림 속에 있는 것을." 잘못을 느끼는 순간이 모든 속박에서 풀려나는 때이다. 물아(物我)일체의 경지. 그리고 시인은 한 폭 그림 속에 갇힌 신선이 된다. 멋스러움도 이 쯤 돼야 풍류를 논할 자격이 있을 것 같다.

가을 산이 붉은 스카프를 두르고 아래로 아래로 달려 내려오고 있다. 낮은 산들은 이젠 내려와 안겨도 좋다는 듯 노란 단추를 있는 대로 다 풀어 제치고 두 팔 벌리고 서있다. 요즘처럼 졸물 같은 세상, 모든 것 다 뿌리치고 가을 산에 들어가 길을 잃어버리고 싶다. 산승도 만날 수 없는 그런 깊은 산중에 들어가서.

살아 있음에

살아 있음에 감사한다. "너희는 서로 사랑하라. 범사에 감사하라"는 성경 말씀이 한때는 강요처럼 들렸다. 용서할 수 없는 사람과 사랑할 수 없는 사람을 어떻게 용서하고 사랑할 수 있을까. 그러나 곰곰 생각해 보면 사랑과 용서는 이승을 떠난 죽은 사람은 할 수 없는 것이기에 성서의 가르침을 순순히 받아들여야 할 것 같다. 살아 있기 때문에.

나라와 겨레와 같은 거창한 언어로 얽어매지 않아도 나는 이 민족의 일원이 된 것을 자랑스럽게 생각한다. 그리고 경제적으로 풍족하진 않지만 이 가문에서 태어난 것을 감사하게 생각한다. 프랑스 같은 부유한 나라의 명문 집안에서 태어나 콧소리 나는 프랑스 말로 사랑을 속삭이며 윗대 어른들이 쌓아올린 명성과 부를 이어받아 평생을 불편하지 않게 사는 것도 좋겠지만 탄생은 선택이 아니기 때문에 애초부터 불가능한 것임을 나는 안다. 다만 살아 있다는 그 한 가지 사실이 고마울 뿐이다.

사고하고 행동하는데 불편을 느끼지 않는 육신을 주신 데 대해 무한 감사한다. 초로의 나이에 중풍에 걸려 걷기와 말하기가 불편한 친구들이 "이렇게 사는 것보다 차라리 죽는 게 낫겠다."는 푸념을 들을 때마다 건강하게 사는 것이 송구스럽게 느껴지는 것도 하늘이 준 복이 아니고 무엇이랴. 살아 있음이 얼마나 다행한 일인가.

나는 이성보다는 감성이 지배하는 삶을 살고 있다. 공부하고 있는 문학도 왼쪽 뇌가 더 많이 작동하여 감성이 앞장 서 걷는 그런 학문이다. 무엇을 만들거나 무엇을 팔아야 하거나 아니면 등짐을 져야하는 그런 육체적인 노동에 몸을 맡기지 않고 글을 만지는 작업에 평생 동안 종사토록 해준 '보이지 않는 손'의 섭리랄까 은혜에 감사한다. 글을 쓰는 작업이 다른 직업에 비해 부와 풍족에 이르는 지름길은 아니지만 그 일이 더러는 기쁨이 넘칠 때도 있으니 어찌 마다 하겠는가. 살아 있는 기쁨에 글 쓰는 즐거움까지 덤으로 주시다니.

하늘에 있는 해와 달 그리고 별들을 사랑한다. 구름 한 점 없는 빛 밝은 날에는 색안경을 끼고 바닷가를 거닐고 싶고 달빛이 교교하게 흐르는 달 밝은 밤에는 사랑을 나누고 싶다. 그리고 별똥별들이 무더기로 춤추는 그런 밤에는 벽난로 앞에서 술병에 별이 떨어지는 소리를 들으며 아름다운 시를 읽고 싶다. 그리고 술을 마시고 싶다.

그렇다고 밝고 맑은 날만을 좋아하는 것은 아니다. 구름과 바람, 비와 눈을 사랑한다. 비가 온다고 산행을 포기하지 않으며 눈이 온다고 예정된 여행을 취소하지 않는다. 나에겐 궂은 날이 없다. 궂은 날이 오히려 좋은 날이다. 비가 오면 양철지붕에 떨어지는 빗소리를 들으며 비를 주제로 한 노래를 듣고 싶다. 그리고 눈이 오면 아이젠을 륙색에 찔러 넣고 산을 향해 떠나고 싶다. 모두가 살아 있기 때문이다.

숲 속의 나무와 풀들을 좋아한다. 죽은 사람들은 무덤 속에 가만히 누워 있을 것 같지만 그들도 밤이 오면 숲길을 거닌

다. 귀신과 도깨비가 덤불 속에서 뛰쳐나오는 이유가 바로 거기에 있다.

숲의 나무들을 쳐다보면 모두가 팔을 하늘로 향해 뻗고 간절한 기도를 드리고 있음을 금방 알 수 있다. 어떤 나무들은 그것도 모자라 치마를 넓게 펴서 하늘의 축복을 온통 저 혼자 받으려는 듯 포즈를 취하기도 하고 어떤 것들은 하늘의 미움을 사 벼락을 맞아 가지가 찢어지는 상처를 입을 때도 있다. 살아 있는 나무들이 하는 짓이다.

그러나 죽은 나무들은 하늘을 향해 기도할 용기조차 잃은 채 나무꾼의 도끼에 발등이 찍혀 토막이 나거나 다른 살아 있는 나무들의 자양분이 되기 위해 넘어져 흙으로 돌아간다.

숲 속에 날짐승과 길짐승이 없다면 너무 적막하다. 나이 많은 노인들은 "병마보다는 고독이 더 무섭다"고 한다. 고독하다는 것은 사랑을 받아들일 준비가 완료되어 있는 상태라고 하지만 찾아오는 사랑의 손길이 없을 땐 허전할 수밖에 없다. 숲에도 지저귀는 새들과 울음 우는 짐승들이 없다면 나무와 풀들도 지겨워서 모두가 말라죽었을 것이다. 숲 속 계곡 물만이 감로수가 아니라 이들 새소리와 짐승들의 울음소리가 숲을 살찌우게 하는 생명의 소리인 것이다.

살아 있는 것들은 살아 있는 것들만 동무할 뿐 죽은 것들에게는 제대로 눈길 한번 주지 않는다. 그래서 죽은 것들은 죽은 것들끼리 다만 누워 있을 뿐이다. 살아 있다는 게 얼마나 다행한 일인가. 나는 살아 있음으로 행복하고 모든 살아 있는 것들에게 존경을 드린다.

나는 여인을 사랑한다. 하나님은 내게 세 사람의 여인을 보내 주셨다. 어머니와 아내 그리고 딸이 그들이다. 어머니는 미수의 나이로 다섯 해 전에 돌아 가셨고 딸은 먼 도시에 살고 있어 자주 만날 수 없다.

내 곁에 남은 사람은 아내뿐이다. 우리 집으로 들어온 후 너무 많은 고생을 하여 그 고생이 싫어서라도 다시 태어나면 두 번 다시 내게로 시집오는 그런 일은 저질지 않을 것이다. 그렇다고 그 게 대순가. 죽은 후 다시 태어나는 일이 어찌 쉬운 일이며 설사 윤회를 믿는다 해도 억만 겁 중의 한 인연이 어찌 닿을 것인가. 그러니 살아 있는 기쁨을 노래해야지 죽은 후의 막연한 기대는 과감히 버릴 일이다.

나는 한 끼의 식사를 중시하고 하룻밤 단잠에 큰 의미를 둔다. 그리고 늦은 가을 속에 서서 겨울을 건너 뛰어 찬란한 봄을 생각하는 계절의 한 자락을 선승의 화두처럼 매우 귀히 여긴다. 까닭은 내가 살아 있기 때문이다.

한 끼의 밥을 그르고 나면 그 한 끼는 생애 중에 다시는 찾아 먹을 수 없다. 내가 식은 밥을 싫어하고 무박 여행 스케줄을 별로 달가워하지 않는 것도 그런 연유에서이다.

어제 산행 중에 치어다 본 하늘은 잉크 색으로 푸르렀고 능선을 휘어 감는 바람 속에는 겨울을 예고하는 비수가 품어져 있었다. 내 생애 동안 국화 향기 은은한 이 가을을 몇 번 맞을 것이며 긴 겨울에 이어 올 봄을 몇 번이나 내다 볼 수 있을 것인가. 살아 있음에. 모든 살아 있는 것들을 사랑해야지. 정말이지 사랑하고 용서해야지.

그런데 아 그런데. 죽고 난 다음엔 나는 어딜 가서 무얼 하지.

아버지의 초상 그리고 어머니

아버지를 뵌 적이 있지만 기억하지는 못한다. 봤지만 인식하지 못하면 본 게 본 것이 아니다. 아버지는 네 살 때 열반의 바다를 건너 입적하신 무정한 사람이다. 남동생이 태어난 지 오십팔일 만이었다. 나는 '현실 속의 안목'과 '의식의 눈뜸'이 다르다고 믿는 사람이다. 아버지를 의식이 기억할 수 없는 유아기에 만났기 때문에 지금도 꼭 집어 뵌 적이 있다고 말할 수는 없다. 그래서 아버지는 항상 타인이다.

아버지를 만난 건 순전히 어머니의 말씀 때문이다. 태초의 빛이 하나님의 말씀으로 빚어 진 것과 같이 아버지는 어머니의 말씀 속에서만 존재하셨다. 어머니의 험담으로 엮어지는 아버지의 일대기 속의 에피소드는 하나하나가 아름다운 수필이다.

'아버지는 시원찮은 사람'이라는 전제로 시작되는 어머니의 세뇌 교육은 아버지를 '악당'으로 머물게 했을 뿐 한 번도 의리의 '서부'로 만들어 주지는 못했다. 아버지에 대한 어머니의 악담은 다섯 자녀의 양육을 비롯한 고생보따리를 통째로 어머니에게 던져 버리고 저승으로 훌쩍 떠나버린 데 대한 앙갚음이었다.

어머니는 참외를 좋아 하셨다. 좋아하는 이유 또한 유별나다. 어느 여름 장날. 간 갈치 몇 마리를 사기 위해 어머니가 장터로 나가셨다. 장터에 볼일 보러 나간 아버지는 참외 가게에 앉아 참외를 깎아 먹으면서 지나가는 어머니를 아는 채를 하지 않았다. 틀림없이 어머니의 장터 나들이를 먼발치로 보았을 터인데 "혹시 들킬세라" 삿갓을 고쳐 써가며 끝내 모른 채 하더라는 것이다.

화가 난 어머니는 장터를 한 바퀴 돌아 본 다음 간 갈치 대신 참외 한 아름을 사와 아버지가 보는 앞에서 아작 아작 씹어 먹는 데모를 벌였다고 한다. 그 일이 있고 난 후 어머니는 수시로 참외를 사와 아버지의 부아를 질렀다는데 아버지는 보고도 못 본 척 알아도 모른 척 그렇게 버티더라고 했다. 어머니는 참외를 맛으로 먹지 않았다. 생전에도 참외를 잡수실 땐 한을 참외 속에 박아 그렇게 잡수시곤 했다. 어머니의 참외 애호 동기는 이렇게 단순하다.

나는 아버지를 뵈온 적이 없지만 설사 있다고 하더라도 차마 묻지를 못한다. "그날 장터에서 참외를 깎아 잡수실 때 정말 어머니를 못 보셨습니까?"라고 물으면 뭐라고 대답을 하실까. 역지사지. 내가 혼자 참외를 먹다 들킨 아버지의 입장이 되었을 때 아내가 내 앞에서 참외 한 소쿠리를 깎아 먹어도 나도 아버지처럼 눈만 껌뻑거리며 앉아 있었을 것이다.

어머니의 재산 1호는 싱거미싱이었다. 돌아가시는 순간까지도 변하지 않았다. 그 손재봉틀로 바느질품을 판 적은 없었지만 식구들의 옷은 그것 하나로 해결했으니 우리 집에서 농사 다음으로 귀중한 것이었다. 싱거미싱이 어머니의 손안으로 들어오게 된 내력도 정말 수필이다. 찰스 램이나 안톤 슈낙이 읽어도 무릎을 탁 칠 정도의 명편이다.

어느 여름날 저녁, 우물가에서 등 멱을 치고 난 후 대청에 앉아 설렁 설렁 부채질을 하면서 아버지가 어머니께 물었다. "작은 마누라를 하나 얻어 저 아래채에 살게 하면 어떻겠노?" 장터에서의 참외 수모를 아작 아작 씹는 것으로 갚아 주던 어머니가 가만히 있을 리 만무하였다.

그날 아버지의 의중 시험에 무어라고 대답을 했는지 어머니가 바른 대로 가르쳐 주지 않아 모르긴 해도 아버지가 혼쭐나도록 당했던 것은 유추 짐작으로 알만하다. 어머니는 하늘에 미리내가 흐르는 여름 별밤에 모깃불을 피워둔 멍석 위에 누워 우리들에게 들려주는 아버지가 저지르려다 미수에 그친 '소실 입택 저지사건'은 잔 다르크의 승전보에 질 바 없었다.

어머니가 아버지에게 부린 행패는 눈이 있어도 보지 못했으니 여기서 말할 수는 없다. 다만 초선이라는 기생, 아버지의 소실로 짐작되는 입택 예정자를 같은 읍내에 살지 못하게 따돌린 그 솜씨랄까 수완은 이 나이에 지금 내가 생각해도 가뭇할 뿐이다.

어머니는 그런 문제를 돈으로 해결할 사람도 아니고, 나의 외삼촌인 남동생들을 데리고 가 퍼붓고 때리는 완력을 행사할 사람은 더더욱 아니다. 무엇일까. 기회가 생길 때마다 비법을 물어 봤지만 어머니는 웃기만 할 뿐 가르쳐 주지 않고 산으로 떠나셨다. 나중 외삼촌에게 들은 "너거 아부지가 논 팔아 돈을 쥐어 줬으니까 떠났지, 그냥 갈 사람이가"란 이야기조차 진위 여부를 헤아리기 어려워 이 문제는 지금까지 풀리지 않는 숙제로 남아 있다. 아버지를 저승에서 만나면 한번 물어 볼 참이다. 그런데 만난 적이 별로 없으니 아비와 자식이 서로 마주친다 해도 얼굴을 알아 볼 수 있을 지 그게 의문이다.

초선이가 떠난 후 어머니는 아버지가 그녀에게 사 준 싱거미싱을 머리에 이고 두 번 쉬고 집으로 가져 오셨다. 칠원 오십 전짜리 손재봉틀은 아버지의 소실 초선이 덕에 우리 집으로 왔다. 그 재봉틀은 결국 아버지가 돌아가신 후 어머니의 가난과 그 인고의 세월을 이겨내는 반려가 됐으며 나의 어린 시절을 생각나게 하는 추억의 물건이 되어 지금도 서재 한구석을 지키고 있다. 아버지의 바람과 풍류가 빚은 결실이다. 어쩌면 초선이는 우리 집 은인이다.

아버지를 뵌 적이 없다는 것은 순전히 거짓말이다. 참외로 만나고 싱거미싱을 통해서 만난다. 말 못하는 무생물이라고 해서 말하지 않는 것은 아니다. 말씀이 빛을 만들 듯 말씀은 온갖 사물을 만든다. 그리고 말씀은 그리운 이의 초상을 만들고 그 초상은 다시 말씀을 만든다. 여름철 낮에 깎아먹는 참외 한 쪼가리를 통해 어머니를 만나고, 싱거미싱 손잡이를 돌리며 아버지와 초선이를 만난다.

아버지와 아들인 내가 눈으로만 만나고 인식으로 만나지 못했다고 하더라도 그건 못 만난 게 아니다. 끈끈이주걱 풀 같은 끈끈하고 질긴 유전자는 먼 선조의 악행까지도 기억한다는데 왜 못 알아볼까. 외로움에 지쳐 하루가 온통 비어 있는 날이거나 절집 마당 주위를 혼자 서성일 때 저승에 계신 아버지가 더러 전화를 걸어오신다. 오르막을 기어오르는 산행 중일 때는 간혹 문자 메시지도 보내 주신다.

"별일 없제." 대충 그런 내용이지만 이승과 저승은 거리가 너무 멀어 통화는 맑지 못하고 번번이 끊긴다. 문자 메시지는 "오빠, 외로워요"란 성인음란물과 함께 실려 올 때가 많아

"모두 삭제"로 지워지기가 일쑤다. 아버지가 계시는 저승의 주소를 얼른 알아차리지 못한 나의 실수다.

싱거미싱 이야기가 나왔으니 말이지 나는 손재봉틀을 자유자재로 만지고 바느질도 능숙하게 해낼 수 있다. 대학 일학년 때 요 호청을 뜯어 스키 파커식 등산복을 직접 재단하여 만들어 입고 지리산을 종주한 경험이 있다. 일 주일을 장마 속을 헤매다 저자거리로 내려오니 등산복에는 곰팡이가 피고 냄새가 지독했다. 덕분에 만원 열차였지만 아주 넓은 자리를 확보하여 행복한 남도 여행을 할 수 있었다. 저승에 계시는 아버지의 덕이다. 초선이의 공이다. 그 보다는 초선이를 몰아내고 싱가미싱을 집으로 이고 오신 어머니의 수가(守家)덕분이다. 세분 모두에게 경의와 존경을 드린다.

갑년을 넘기도록 이 세상을 살아오면서 다만 한 가지 미진한 것이 있다면 아버지를 만나지 못했다는 것이다. 내가 어머니나 초선이를 제쳐두고 아버지와 이야기가 통할 그런 나이까지 당신이 살아 계셨다면 무슨 수를 써서라도 그렇게 비참하게 이승을 뜨진 않았을 것이다. 단언하지만 정말 그랬을 것이다. 무정한 사람. 나는 아버지가 그립다.

부끄러운 얘기지만 아버지는 가진 것 다 잃고 투전판에서 심장마비로 이승을 하직하셨다. 나와는 단 한 번도 만나지 못한 채.

외로움에 대하여

외로워서 글을 쓴다. 내 글은 모두 외로움의 소산이다. 만일 외롭지 않았다면 단언하거니와 절대로 글을 쓰지 않았을 것이다. 남들은 혼자라는 느낌 때문에 외롭다고 말하지만 나는 그렇지 않다. 혼자 일 때도 물론 외롭지만 둘이 있을 때도 외롭고 다중이 꽃밭의 꽃처럼 모여 있을 때도 역시 외로움을 느낀다.

달포쯤 전에 아내와 둘이서 「패션 오브 크라이스트」란 영화를 보러 갔었다. 대형 화면에 음향도 좋았고 분위기도 그럴만 했다. 캄캄한 객석에서 영화 속으로 빨려 들어가니 내 옆에 앉았던 아내는 간 곳이 없고 나 혼자 겟세마네 동산을 배회하고 있었다. 예수 그리스도가 무수한 채찍질을 당하며 언덕 위 십자가에 못 박혔을 때 당신의 그 쓸쓸함과 외로움이 내 가슴으로 전이되어 왔다. 나는 예수를 십자가에서 내려놓고 대신 내가 십자가에 못 박혀 내 옆에 매달려 있는 바비도의 귀에 들릴만한 소리로 "엘리 엘리 라마사박다니"(주여 나를 버리시나이까)라고 외쳤다. 나는 영화를 보면서도 외로웠고 아내의 손을 잡고 영화관 밖으로 나와서도 몹시 쓸쓸했다.

사람들은 나름대로 외로움을 이겨내는 방법을 터득하고 있다. 어떤 이는 시를 쓰고, 그림을 그리고, 어떤 이는 노래를 부르고, 춤을 추기도 한다. 모든 예술의 탄생은 외로움이 빚어 낸 영근 결실인 셈이다. 아무리 외롭고 외로워도 선천적으로 예술 쪽으로 기울지 못하는 사람들은 차선책으로 어리광을 부리게 된다. 어리광은 혼자에서 벗어나는 길이며 외로움을 이기는 묘약 한 사발이다.

종교는 외로운 사람들이 스스로 만든 성황당의 돌무지며, 바라보고 두 손 모으는 교회의 종탑이며, 외로운 사람끼리 모여서 빙글빙글 돌아가는 탑돌이 석탑일 뿐 아무 것도 아니다. 어쩌면 종교는 모든 중생들이 부리는 어리광을 조직적으로 받아들이는 하나의 장치일 뿐이다. 사람들의 기대고 싶은 어리광이 없었으면 아예 종교는 태어나지 않았을 것이다.

사람은 외로워야 한다. 외롭지 않으면 예술도 없고 종교도 없고, 이 세상에서 가장 빛나는 보석인 사랑도 우정도 없다. 나는 얼마 전 우리 내외의 품을 떠나 살고 있는 딸아이에게 이런 편지를 썼다.

"사랑하는 지은아. 사람이 느낄 수 있는 쓸쓸한 감정은 홀로움이 차려주는 최상의 만찬이다. 너희들도 자주 외롭고 쓸쓸한 감정에 휩싸이기 바란다. 음악을 듣고, 영화를 보고, 시를 읽고, 그림을 보면서 자주 눈물을 흘리기 바란다. 예술적 감수성에서 비롯되는 눈물은 인류를 사랑하게 되고, 또 동물과 식물을 사랑하게 되며, 나아가서 이 세상에 존재하는 모든 삼라를 보듬고 껴안을 수 있는 묘약을 마시는 것에 다름 아닌 것이다."

외로움은 민초들만 느끼는 쓸쓸한 감정이 아니다. 임금도, 신하도, 성직자도, 어머니도, 선생님도, 유생들도 그들의 외로움을 붙들어 맬 의지처를 찾지 않으면 안 되었다. 옛 선비들의 경우를 보자. 원래 유생들의 삶이란 숲이 없는 들판에 지은 기와집처럼 햇빛을 받아주는 그늘이 없다. 그들은 햇빛에 노출되어 있는 이끼나 음지식물처럼 늘 불안해한다. 그래서 평소 맘속으로 하대하고 있던 뜻이 맑은 스님들을 가까이 끌어당겨 마음을 의탁하는 경우가 왕왕 있었다.

> 강진으로 귀양 온 다산 정약용이 주역과 기신론에 빠져든 채 술 주정을 하곤 한 백련사 혜장의 번뜩거리는 형안을 기특해하고, 아들 뻘인 그에게서 위안을 얻으려 한 것도 그것이다. 더러운 현실을 바로 잡을 수 있는 것은 유학이라고 내세우고 불교의 무와 공을 비판하면서도 혜장과 초의를 가까이 하려 한 것은 유현한 그늘을 만들어 그 속에서 햇볕을 피하려는 것이었다. ㅡ소설 「초의」 중에서

낙향한 회재 이언적도 마찬가지다. 그는 경주 안강 자옥산 기슭, 맑은 물이 흐르는 개울가에 홀로 머물면서 즐길 수 있는 공간 독락당을 지었다. 회재는 너무나 외로운 나머지 흘러가는 개울물을 벗하기 위해 시야를 가로막는 담장을 헐고 그곳에 나무 창살을 달아 귀에 들리는 개울물 소리를 눈으로 들었다.

그러는 한편 회재는 독락당 뒤에 있는 정혜사의 스님(역사에 이름이 기록되어 있지 않음)이 마음 놓고 드나들 수 있도록 자신의 독락당 안 계정(溪亭)을 산내 암자로 비워주었다. 그래도 스님의 발걸음이 잦지 않자 계정이란 현판 옆에 양진암(養眞庵)이란 현액을 달아 외로운 낙향 선비의 집에 목탁소리와 염불소리를 넘쳐나게 했다. "억불숭유"란 기치 아래 유불(儒佛)

이 유별한 시대였는데 왜 그랬을까. 외로움과 쓸쓸함을 이겨내는 한 방편이었으리라.

감옥은 외로운 마음을 진열해둔 표본실이다. 그 곳에는 비단 외로움뿐 아니라 그리움 지겨움 미움 그리고 황량함까지를 고농축해둔 전시실이다. 감옥에 수감되어 있는 죄수들은 여럿이 함께 살면서도 그 여럿을 인정하지 않는다. 혼자라고 생각한다. 그러면서 그들은 끊임없이 '바깥세상'을 지향할 뿐 실제 생활하고 있는 '안 세상'은 돌아보지 않는다.

결국 감옥은 외로움의 부피가 커지면서 그리움만 켜켜로 쌓이는 곳이다. 그리움은 만남을 통해 해소되지 않으면 사람의 심성이 황폐해 질 수밖에 다른 도리가 없다. 감옥은 그런 곳이다. 감옥 속의 겨울은 서로가 서로의 체온이 필요하여 끌어당기는 인력이 강하게 작용하는 계절이기에 그런 데로 지내기가 괜찮은 편이다. 그러나 감옥의 여름나기는 그야말로 지옥이다. 서로가 서로를 밀어내고 체온이 체온을 싫어하는 계절이기 때문이다. 그래서 감옥 속의 외로움은 미움으로 변주되어 동료라는 유대감마저 상실하게 된다. 유대감의 상실은 바로 '사람은 사회적 동물'이란 진리를 거부하는 것과 통한다.

연전에 삼십 년 넘게 봉직해 오던 회사를 떠나면서 이런 글을 써 사보에 기고한 적이 있다. 재직하고 있을 적에는 일상이 바쁜 탓도 있었겠지만 그렇게 외로움을 많이 타진 않았다. 그 때는 외로움이란 단순하게 '수놈이 암놈에게 보내는 연가'의 한 소절이라고 생각했을 뿐인데 막상 실직이 주는 외로움의 강도는 그게 아니었다.

"회사를 떠나던 날, 바다를 연상했습니다. 몇몇 동료들과

독락당

같이 뛰어내려 우선은 동아리를 지울 수 있으나 결국 혼자일 수 없다는 엄연한 현실 앞에서 망연자실할 수밖에 없었습니다. 하루 이틀 지나면서 바다의 두려움은 파도와 추위가 아니라 외로움이란 걸 느끼게 됩니다.

혼자라는 사실에 익숙해져야 나무와 풀꽃들 그리고 산새들과 바람에게도 얘기를 전할 수 있다고 합니다. 아직 저는 홀로서기가 어렵습니다만 곧 고독 속에 함몰하여 일체를 이룰 수 있을 것 같습니다. 그 때가 되면 하늘과 그리고 별들과도 교통할 수 있겠지요."

실직 후 나는 정말 외로웠고 쓸쓸했다. 하늘과 땅이 내 언어를 알아듣지 못했다. 울고 싶지만 눈물조차 나지 않았다. 바람으로 떠도는 생활이 일년 남짓 계속됐다. 아침 먹고 만나는 산(山)만이 위안이었다. 그래서 「산에서 운다」라는 글 한 편을 쓰면서 산에서 죽어 버릴까하는 생각도 해보았다. 아이들에게는 "너희들도 자주 외로워하고 쓸쓸한 감정에 휩싸여 눈물을 흘리기 바란다"고 당부하면서도 정작 자신은 그 외로움을 주체하지 못하고 울고 있다니. 결국 인간은 나약한 존재이고 아무도 외로움을 이길 수 있는 장사는 없는 법….

그러다가 얼마 지나지 않아 낙향한 선비가 산천을 찾아 나서 듯 나는 우리의 아름다운 문화유산들을 찾아 답사라는 길 떠남의 신들메를 조여 맸다. 답사는 외로움을 떨쳐 내는 작업이 아니라 더 외로워지는 길이었다. 나는 이렇게 외로운 작업을 몇 년째 계속하고 있다.

답사에서 건진 이삭들을 글로 쓰고 그림을 그려 내가 근무하던 신문에 이 년 동안 일백 회를 연재했다. 지난번 연재가 최종회에 이르렀을 때는 마지막 답사지를 고향집으로 정하고 내 외로운 심정을 이렇게 노래했다.

"사실 답사를 시작한 건 외로움 때문이었다. 외로움에서 벗어나기 위해선 철저히 외로워지는 방법밖에 다른 도리가 없었다. 그래서 혼자 떠났다가 홀로 돌아왔다. 보아라. 산 그림자도 외로워서 하루에 한번씩 마을로 내려오고, 가진 것 없는 빈 마음들도 저물 무렵이면 주막 어귀로 모여든다. 사람만 외로움을 타는 것이 아니다. 벌과 개미가 모여 사는 것도, 바람과 구름이 한 곳에 머물지 못하고 흘러가는 것도 모두 외로움 탓이다. 산다는 것은 외로움을 견디는 일이다. 아니다. 살아간다는 것은 혼자 울고 있는 것이다. 삼라를 주관하는 하나님도 더러 눈물을 흘리시는 까닭도 외로움 때문이란 걸 길 위에서 만나는 인연 때문에 터득했다. 그리고 '유적답사'라는 것도 사실은 자연이란 스승이 불러주는 '받아쓰기'란 것도 그때 알았다."

이제 다시 길 떠나게 되면 산부인과 의사인 친구에게 청진기 하나를 빌려 카메라 대신 그걸 메고 답사에 나설 참이다. 바람맞이 언덕에 홀로 서있는 등 굽은 소나무는 얼마나 외로운지, 해바라기와 달맞이 풀은 무엇이 그렇게 그리워 해와 달을 끊임없이 쫓아다니는지, 나무와 풀꽃들의 상심한 야윈 가슴에 청진기를 대보고 또 물어도 볼 것이다. 그래서 나의 외로움이 그들 풀꽃들의 그리움을 능가하는 지를 한번 재볼 작정이다.

구활의 작품평

서영빈(수필가 · 문학평론가)

모든 추억은 아름답다고 했던가? "폐허의 성처럼 버티고 서 있는 낡은 정미소" 앞에서 저자는 두고 온 고향을 그린다.

"폐허의 성처럼 버티고 서있는 낡은 정미소. 유령이 나올 것만 같은 정미소 앞을 지나칠 때면 마음 한구석이 찡해 온다. 헛간을 덮고 있던 지붕 한쪽은 날아가 비바람이 그냥 들어오고 다른 한쪽 지붕은 임시방편으로 색깔 다른 함석으로 덧 땜질해 두었지만 미풍에도 소리를 내는 박자가 제멋대로인 타악기로 변한 지 오래다.

그리움이 사무치면 발걸음이 떨어지지 않는 법, 다시 한 바퀴 돌아본다. 먼데서 보면 지붕의 녹슨 함석은 빼얼건 페인트를 칠한 것같이 보기에는 멀쩡한데 뚫어진 구멍 사이론 햇빛이 별이 되어 쏟아진다. 연극 무대의 조명발 같은 그 빛 때문에 눈이 부시다. 그리운 사람이 그리운 만큼 눈이 부시다. 황토를 바른 흙벽은 속살이 떨어져 얼기설기 나무 꼬챙이들이 장기판 같고, 쇠사슬로 감아 큰 자물쇠를 채웠던 대문은 돌쩌귀가 빠져 더 이상 문이 아니다. 동네 개들도 오줌을 질금거리며 서서 들어간다.

이런 풍경은 추억을 건져 올리는 두레박이다. 아무리 퍼내도 마르지 않는 우물 속의 양철 두레박. 그래서 나는 이런 풍경을 사랑한다.

폐허의 성에 성주가 없다. 성을 지키는 병사도 없다. 교대시간을 알리는 나팔소리도 없다. 나는 개의치 않는다. 낡은 정미소 앞에 서면 나도 모르는 새 과거로 옛날로 달리는 고물 트럭을 타고 고향마을에 빨리 내리고 싶어 안달하는 귀향객이 된다.

그러나 첨부된 그림만큼이나 아름다운 이 수필은 결코 수필이기 때문에 아름다운 것이 아니다. 작품의 절반 분량을 차지하는 낡은 정미소 풍경에 대한 묘사를 보면 우리가 직접 자기 눈으로 보는 것보다도 더 소상하고 더 시적이고 더 아름답다.

타악기로 변한 지붕, 사라진 참새와 쥐, 사글세라도 얻은 듯한 거미, 희미한 팻말, 돌쩌귀가 빠진 문. 저자의 붓끝에서 생명력을 얻은 이 모든 것들은 살아서 움직인다. 앞에서 이야기했던 원초적인 언어 찾기가 여기에서도 진가를 유감없이 드러낸다.

정미소라는 대상을 바라보는 저자의 시선 또한 따뜻하기 그지없다. 다함없는 애정을 가지고 바라보는 정미소 풍경이기 때문에, 또 그것들에 생명력을 불어넣을 수 있는 문학적 상상력을 지니고 있기 때문에 한 편의 아름다운 수필이 탄생한 것이다.

수필을 왜 '정의 미학'이라고 하는지를 잘 보여 준 작품이다. 평자로서는 저자의 문학적 능력이 한없이 부러울 뿐이다.

<에세이문학> 2003년 여름호에서 이미 그림만큼이나 아름다운 「**정미소 풍경**」으로 평자의 감동과 부러움을 한껏 자아냈던 저자는 이번 「**풍류별곡**」에서도 역시 기대를 저버리지 않았다. 하지만 그 매력의 빛깔은 결코 같지 않았다.

「정미소 풍경」은 은은한 달빛 같은, 섬세하고 부드럽고 여성적인 정감이라면 「풍류별곡」은 대범하고 활달한, 그리하여 남성적

인 멋의 세계다. 소재에 따라 자유자재로 작품의 문체적 성격을 변화시킬 수 있는 저자의 능력이 돋보인다.

사전에 나와 있는 '풍류'(風流)라는 낱말 만치 멋스럽고 넉넉한 것이 또 있으랴. '사랑'이니 '추억'이니 하는 단어들도 물론 아름답고 소중한 것이지만 그 '격'이나 '값'은 '풍류'에는 미치지 못한다. '풍류'는 '점잔'을 벗어나 '난봉'으로 들어가는 길목에 존재하는 것이지만 그렇게 '속'되지 않고 그렇다고 '성'스럽지도 않다. 그래서 중용이다.

'풍류'는 가난뱅이가 즐길 물건이 아니며 또 부자라고 쉽게 소유할 물건이 아니다. '풍류'는 아주 소중한 것이어서 그 가치를 아는 사람만이 즐기고 소유할 수 있는 정말로 값진 것이다. '풍류'는 가르침을 받아 배워지는 인문과학이나 자연과학 같은 당대에 이뤄지는 학문이 아니다. 그것은 어쩌면 '피의 소리'이기도 하고 '끼의 맥박'이기도 하고 나아가서 '기질의 숨결'이기도 하다. '풍류'의 매체는 술이다. 술 없이는 '풍류'를 논할 수가 없다. 술은 시며 소설이며 수필이다. '풍류'는 글씨며 그림이며 소리다. 술은 '풍류'를 묶어 싼 보자기다. '풍류'와 술은 겉모양만 보지 말고 깊은 속을 들여다보아야 제 맛이 난다.

풍류에 대한 저자의 집중적인 사고는 이처럼 풍류의 성격, 풍류의 중용, 풍류와 돈, 풍류와 학문, 풍류와 술로 이어지면서 한층 한층 깊이를 더해 간다. 풍류를 해석함에 있어서 결코 풍류를 잃지 않는 그 기품 또한 도도하다.

"댓재에서 내려 산길 오십 리를 일곱 시간 걸어 무릉계곡으로 내려갔다. 술 취한 어른들은 서둘러 하산하셨는지 보이지 않았고, 너럭바위 위에는 서서히 어둠이 깔리고 있었다."는 마지막 구절에서는 갈수록 풍류를 잃어 가는 오늘의 세상이 은근히 내비쳐진

듯싶어 안타깝게 느껴지기도 한다.

풍류에 대한 저자의 사유는 이처럼 개방적이고 또 자유롭다. 사전적 해석으로 쉽게 설명할 수 없는 풍류를 술과의 관련 속에서 설득력 있게 풀이할 수 있었던 것은 문학적 상상력의 도움이 컸던 것으로 보인다.

너럭바위 위의 글씨에서 풍류를 생각하고 풍류에서 술, 술에서 다시 이른바 '백주 나체 승우 사건'을 떠올리는 저자의 사유 과정이 탄탄하고 믿음직스럽게 그려지면서 풍류의 실체가 구체화되고 가시화 된다. 대상과의 연관 속에서 구체성을 획득하게 되는 문학의 일반 원리가 저자의 상상력에 의해 실현되는 과정이다.

뿐만 아니라 이 수필은 언어적 측면에서도 자유로운 상상력과 치밀한 정확성을 동시에 지님으로써 표현 효과를 극대화시킨다. '점잔'과 '난봉', '성'과 '속', '피 끼 기질'과 '소리 맥박 숨결', '시 소설 수필'과 '글씨 그림 소리'로 이어지는 대립 또는 점진의 매개항들이 풍류 해설의 객관성에 일조 했다면 "…일필휘지 명필들이 흘러가는 계류수를 베개처럼 베고 있는가 하면…" "…달필이 붓끝에서 방금 떨어져 나온 듯 싱싱하다"와 같은 표현은 언어 예술로서의 수필의 묘미와 마력을 여실히 보여 준다. 이처럼 논리적 질서와 문학적 상상력 그리고 표현력이 하나로 통일되면서 「풍류별곡」은 예술 수필에 도전하는 것이다.

김종완(문학평론가, 〈에세이스트〉 주간)

'물올랐다'는 말을 구활의 문장에 쓸 수 있겠다. 글에 나타난 인물들의 성격이 하나같이 호방하니 문체 또한 호방해졌는가. 생각이 자유롭고 그 생각을 담아내는 문장 또한 막힘이 없다. 「**중광스님이 내소사 주지라면**」은 기행 수필의 또 하나의 전범이 되겠다. 서두는 요즘의 절 집에 대한 비판으로 시작한다. 절에는 그 절에 걸맞은 스님이 없다는 것이다.

전북 부안에 있는 내소사라는 절은 아주 재미있는 이야기를 가지고 있다. 이 '재미있다'는 것에 생각이 이르자 거기에 어울리는 사람으로 걸레 중광 스님이 생각난 것이다.

> "정말 중광 스님이 이 내소사를 맡는다면 절 집은 약간 개판이 되겠지만 하나의 이벤트 사찰로서 끝내 줄 것 같았다. '내소사의 주지는 중광이다'란 가정을 세우고 나니 이 기발한 생각을 끄집어 낸 내가 무척 대견해 보였다."

「중광…」에는 작자와 중광과의 재미있었던 추억 두 가지가 나오고, 또 내소사의 재미있다는 이야기가 두 가지가 나온다. 물론 두 가지씩이라는 것이 어떤 함수 관계를 갖고 있지는 않다. 먼저 중광과의 추억 한 가지. 작자가 중광이 머물고 있는 서울의 감로암으로 갔을 때의 이야기다.

> 대웅전이랄 것도 없지만 어쨌든 우리는 법당 앞에 술상을 차리고 조기 찜을 비롯하여 기타 등등 부처님도 맛 좀 보았으면 싶을 음식들을 안주로 청주에 막걸리까지 섞어 마셨다. (중략) 우리는 그날 종로2가에 있는 '로망스'란 술집까지 밀고 나와 흠뻑 취할 정도로 마셨다.

내소사의 재미있는 이야기 하나는 서정주의 「내소사 대웅전 단청」이란 시를 인용하여 말하고 있다. 내소사의 대웅보전에는 단청을 하다 말았는데, 그 사연인즉

한 나그네가 서쪽으로부터 와서는 이 단청을 맡아 다 칠하고 안으로 들어갔는데 문고리를 안으로 단단히 걸어 잠그며 '내가 다 칠해 끝내고 나올 때까지는 누구도 절대로 들여다보지 마라.' 어느 방정맞은 중 하나가 그만 못 참아 뚫어진 창구멍 사이로 그 속을 들여다보고 말았다. 이쁜 새 한 마리가 천장을 파닥거리고 날아다니며 부리에 문붓으로 제 몸에서 나는 물감을 묻혀 곱게 곱게 단청해 나가고 있었는데, 사람 기척에 '아앙' 소리치며 내려 마룻바닥에 납작 사지를 뻗고 늘어지는 걸 보니, 그런 한 마리 불 호랑이였다.

또 하나의 이야기는 작자가 직접 구술자로 나섰다.

조선조 인조 11년(1633) 청민 선사가 절을 중창하면서 유명한 목수 한 사람을 데려온다. 그는 3년 동안 절은 짓지 않고 목침같이 생긴 나무토막만 깍 또 깎았다. 언제나 이를 낭패시키는 건 절에서나 속에서나 방정맞은 자의 소행이기도 하지만 장난기 많은 동자 스님 하나가 목수가 정성 들여 깎아 놓은 목침 한 개를 감추어 버렸다. 다포로 엮을 목침 깎기를 마친 목수가 숫자를 세어 보니 한 개가 부족했다. 목수는 자신의 실력이나 신심이 절을 짓기에 합당치 않다고 생각하고 포기하려 했다. 이때 동자승이 감춰 뒀던 나무토막을 내놓지만 부정 탄 물건은 쓸 수 없다 하여 결국 한 토막은 미완으로 비워 두고 법당 짓기를 끝냈다고 한다.

이제 작자의 해설을 직접 들어보자.

내소사 법당 안의 빈 단청 얘기만으로 '완결치 못한 허무'의 얘기를 끝내지 않는다. 내소사 법당 안 오른쪽 천장 밑에 다포를 이루고 있는 공포 쉽게 말하면 장식으로 끼워 놓은 목침만한 나무토막 하나가 빠져 있는 것이 이 절의 허무와 미완을 연결한다.

그러면 중광이 왜 내소사의 주지가 되어야 하는가.

그것은 내소사가 미완이어서 공허하고 중광 스님 또한 견성성불 이전에 완성되지 못해 공허한 것은 같은 이치다. 사람이나 물건이나 모든 삼라는 어느 한쪽이 비어 있는 미완일 때가 진정으로 아름다운 것이지 완성되어 있다는 사실 자체가 오히려 불편하고 불결할 것 같다.

작자가 부럽다. 틀림없이 작자 또한 미완의 허무를 사랑하는 사람, 미완의 허무와 친구 할 수 있는 사람일 터. 인간의 자유로움을 방해하는 것이 무엇일까. 허구와 위선이다. 작자는 허구와 위선을 떨치고 일어선 자유인을 동경하고 있다.

내소사의 빈 단청이 빠져 있는 공포를 보고 웃고 그 공포는 미완의 중광 스님을 향해 박장대소하고, 그러면 중광 스님은 단청과 공포 앞에 서서 꽉 찬 충만의 허구와 위선을 발기발기 찢어 놓을 수만 있다면 얼마나 좋으랴.

그 중광을 보고 박장대소하는 자 누구리. 중광인들 함께 웃어 줄 자 없으면 무슨 신명이 나서 기행(奇行)을 벌이겠는가. 제 풀에 시들어질 터. 삼라만상이 자연한데….

'수필이 작가가 경험한 사건의 기록'이라는 정의에 입각한다면 「소록의 별밤」은 수필이기를 포기한 작품이다. 수필에 단골로 나오는

'나'라는 화자도 숨어버렸다. 이렇게 수필 문법을 무시해도 수필인가?
그렇다. 수필이다. 우리의 문법이 낡은 것이다.

「**소록의 별밤**」에서 실재의 사건은 작가가 소록도에 갔다는 것이고, 그 날 소록도 하늘의 별이 총총했다는 것이고, 나환자들이 죽으면 혼백이 모셔지는 만령전이 아침 햇살을 가장 빨리 받을 수 있는 동쪽에 위치한다는 것뿐이다. 나머지는 시를 인용하면서 작가의 상상력에 의하여 쓴 글이다. 애당초 사실관계를 따져 읽어서는 안 되는 글인 것이다.

기행문이지만 여정은 일체 생략되었다. 감정에 겨운 작가에게 여정 따위는 고양된 감정을 죽이는 역작용만을 할뿐이다. 작가는 소록도에 관한 예비지식으로 애당초 그 곳에 울 것을 작정하고 갔다. 아니 내가 울고 싶어 아픈 너를 찾아왔다. 너를 위해 울어 나의 감정의 카타르시스를 얻고자 함이다. 이것이 비극의 효과다.

슬픔을 극대화하기 위해서는 산문적 사고보다는 운문적 사고가 효과적이다. 작가는 시를 직접 인용했다. 요즘 수필에 곧잘 시가 인용되는데 이런 수필의 대부분은 자기가 Tm는 수필을 시에 바치는 헌사로 격하시킬 때가 아주 많다.

구활은 당당하다. 수필을 시에 복속 시키지도 않았고, 시를 수필에 복속 시키지도 않았다. 수필과 시의 대등한 만남이 이루어졌다. 서로가 서로를 받치고 있다. 시가 수필의 중요한 부분이 되어 그 역할에 충실하게 복무하고 있다.

이곳 사람들은 자신이 죽으면 하늘의 별이 된다고 믿고 있다. 그래서 소록의 하늘은 하 많은 사람들의 맑은 영혼들이 올라가 별 밭을 이뤘음으로 여느 하늘보다 영롱하고 아름답다. 하늘에 별이 되려면 천국을 오르는 계단이 있어야 할 텐데 그런 것은 없다. 교회 첨탑 끝 아스라이 높은 십자가 꼭대기도, 사흘이 멀다 하고 뭉게구름이 피어오르는 화장장 굴뚝도 저 높은 곳을 향하는 지름길은 아니다. 그러나 이곳 환자들은 그 길을 훤하게 알고 있다. 그 길은 마음 깊은 곳으로 뚫려 있고 잃어버린 손가락과 발가락이 하늘로 올라가는 날개의 깃털이 된다는 것을. 그들은 그것을 누구보다 잘 알지만 남들에겐 결코 가르쳐 주지 않는다.

구활의 수필은 「소록의 별」에 대한 하나의 전설을 만들어 냈다. 그 신화는 「전라도 길」에서 떨어져나갔던 손가락 발가락이 그들이 죽었을 때 그들의 영혼을 하늘로 실어 나르는 깃털이 되었고 그것을 타고 오른 영혼은 하늘의 영롱한 별이 되었다는 것이다.

「소록의 별」의 전설에는 다른 두 개의 버전이 있다. 소록도 사람들이 여기로 올 때 잊기로 하고 버렸던 고향 이야기들이 '순바구 길' 옆 대밭에 살고 있다는 것, 그 중에서 오래 된 것들이 사람들이 잠든 깊은 밤에 하늘로 올라가 별이 되었다는 것, 그리고 또 하나는 고향집 툇마루에 파랑새 한 마리가 하루에도 수십 번씩 왔다 가는데 아무도 눈치 채지 못한다는 것. 그런데 그가 죽고 나면 마지막으로 고향을 한 번 다녀와서 별이 된다는 것이다. 그 파랑새는 그가 그리움으로 빚은 새였다는 것이다.

그러나 소록도 사람들은 붙박이 별로 하늘에만 눌러 살지 않는다. 비가 오거나 눈이 오면 빗줄기와 눈발을 타고 내려와 이승에서의 흔적을 찾아 헤매며 서럽게 운다. 그리고는 편지를 써서 고향으로 보낸다. 주소도 쓰지 않고 우표도 붙이지 않고 그냥 부친다. 그러면 지나가는 새들이 한 두 장씩의 편지를 물고 가 그리운 이들에게 일일이 전해준다. 답장은 바람으로 변한 새들이 다시 하늘로 올라간 별들에게 전해 주어 가보지 못한 고향소식을 듣게 된다. 그러나 아! 그러나, 그리운 이들에게 답장을 받지 못한 사람들은 꽃으로 주저앉아 섬을 붉게 물들이거나 제비 선창의 하얀 포말로 내려앉아 밤새도록 소리 내어 통곡한다. 사람들은 이것을 '그리움'이라고 말한다. 그리움은 '사랑'의 다른 이름이다.

독자여, 소록도에 가시거든 제비 선창을 두드리는 하얀 포말을 그냥 보고 지나치지 마시라. 그리움이 간절하면 저렇게 절규할 수도 있다는 것을 가슴에 새겨라. 소록도의 야산에 붉게 물든 꽃들을 보거든 일행들에게 그 꽃들의 꽃말을 꼭 가르쳐주어라. 그리움이라고, 또는 사랑이라고도 한다고.

구활에게 세상은 살아야 될 의미가 철철 흘러넘치는 의미 있는 것이 아니다. 더군다나 그가 쓴 '산에서 길을 잃어버리고 싶어'란 글을 보면 "가을 산이 붉은 스카프를 두르고 아래로 아래로 달려 내려오고" 있고 "낮은 산들은 이젠 내려와 안겨도 좋다는 듯 노란 단추를 있는 대로 다 풀어 제치고 두 팔 벌리고 서 있을" 때면 세상은 더더욱 졸물 같이 느껴진다. 저것들, 연애하는 것 좀 봐! 이 좋은 시절에 정말 이 세상에 남아 아옹다옹 다투며 살아야 하나? "모든 것 다 뿌리치고 가을 산에 들어가 길을 잃어버리고 싶다. 산승도 만날 수 없는 그런 깊은 산중에 들어가서" 다만 '싶다'이다. 한 발자국도 뗄 수 없다는 걸 알고 있기에. 산 속에 들어가 그 자신이 한 폭의 풍경이 되고 싶을 뿐이다. 정말 세진에 찌든 몸으로 풍경이 될 수 있을까? 그럴 수 없다는 걸 알고 있다. 풍경이 되는 경치가 되면 말없이 그냥 풍경이 될 뿐이다. 말없이 그냥.

졸물을 한자로 쓰면 卒物일 터. 다시 말하면 '×같은 세상'이라는 말이다. 구활의 이 짜증이, 솔직함이 이 글에 생동감을 불어넣었고 이 글을 살렸다. 그러지 않았다면 이 글도 하나의 흉내 내기로 전락하고 말았을 것이다.

수필가들이여. 너무 도사연하지 말지니 한 편의 작품을 건지기 위해서는 욕도 할 줄 알아야 한다. 어느 땐 정말 세상이 짜증스럽지 않는가. 특히 일진이 사나워 바로 이런 건방진 글을 만날 때.

채환(수필가 · 평론가)

구활의 「**에로스의 문턱을 넘지 못하고**」는 작가의 호방한 성격이 여실히 드러난 작품이다. 구체적인 자기 체험은 아니지만 상반된 두 가지 삽화를 인용, 에로스에 대한 해학이 넘치는 재담을 선보인다.

율곡 선생이 황해도 해주 관찰사 시절, 기생 유지와 십여 년 사모의 정을 나누었다는 이야기는 매우 뜻밖이다. 작가는 이화여대 박물관에서 율곡 선생이 쓰신 것을 필사한 이 희귀한 기록물과 마주친다. 그런데 율곡 선생은 기생 유지(柳枝)와의 관계를 정에서 출발하여 예로 끝났으니 후세에 보는 이들은 그렇게 짐작하시라며 다소의 변명조로 기록을 남겼다.

여기서 작가는 심기가 불편했을 것이다. 선생의 로맨스를 잔뜩 기대했을 텐데 맥이 빠졌을 것이다. 그리하여 우리의 익살맞고 재치 넘치는 작가께서는 짓궂게도 율곡 선생의 도덕적 사랑에 딴죽을 건다. 기생과 하룻밤 정분을 나눈들 무슨 대수이더냐.

동이 틀 무렵 여인은 몸부림을 치며 한쪽 다리를 선비의 다리 위에 걸치는 마지막 신호를 보내왔다. 그래도 선비는 꼼짝하지 않고 누워 있었다. 여인은 비녀를 찾아 꽂으면서 "아이구 짐승만도 못한 것, 차라리 짐승이 낫지"하고 중얼 거렸다. 선비는 아침밥도 제대로 얻어먹지 못하고 쫓겨났다. 그러면 그 선비가 과거에 합격이 됐을까. 천만에, 그런 싸가지 없는 선비가 벼슬을 하면 우리나라처럼 나라가 안 되는 법이지.

이 유명한 우스갯소리를 빗대 작가는 이이의 플라토닉 정화(情話)를 한껏 비웃어버린다. 후학들 가슴에 안타까운 멍이 새겨진다는 것을 왜 알지 못했을까 하며 "마음에 두긴 했으나 몸을 가까이 하지 않았다"고 실토한 율곡 선생의 처사는 감히 '짐승만도 못한 것"이라고 호방 유쾌하게 쏘아붙인다.

그러면서 경허 선사의 선담(禪談)을 능청맞게 곁들인다. 선사는 한 이불에 자면서 몸을 섞는 수행으로 어느 미친 여자의 정신병을 고쳤다는 것이다. 소위 육보시를 들먹인다. 보시 중에 보시. 선사는 몸을 섞는 선 수행으로 에로스(?)의 바를 가볍게 넘었는데 율곡 선생은 가문과 벼슬의 체면에 꽁꽁 묶여 에로스의 가로대를 넘지 못했다고 아쉬워한다.

강촌의 그날 밤, 사랑하는 이에게 몸을 주러 왔으나 받아들여지지 않고 거절당한 유지의 마음은 어떠했을까. 날이 밝자 율곡이 써 준 이별시 한 수를 품에 품고 남들의 눈을 피해 몰래 집을 나서는 유지의 모습을 생각하면 상처에 소금을 뿌린 듯 아리고 따갑다.

율곡의 사상에는 기(氣·움직이는 것)와 이(理·움직이게 하는 근원)

가 한 몸이 되어 합을 이룬 것이 세상의 이치라 했으니 어쩌면 선생께서는 더 깊은 인간의 사랑을 실천했을지 모른다. 작가가 그런 철학을 모를 리 없다. 의도의 핵심은 율곡 선생의 사랑관이 아니라 처음부터 기생 유지에 초점이 있었다.

작가는 멍청하고 싸가지 없는 선비 때문에 긴 밤을 한숨으로 지새우게 된 여인네나, 사랑하는 이에게 몸을 주러 왔으나 받아들여지지 않고 거절당한 유지에 대해 너무나 인간적인 연민에 아리고 아프다고 말한다. 섹스가 모럴 해저드에 빠지는 경우가 아니라면, 보통 사람들은 에로스로부터 출생하여 에로스적인 삶을 살면서 에로스를 추억하며 끝나니까.

수필에서 작가는 텍스트 속의 화자와 어느 정도 거리 유지가 필요하다. 그 간격이 지나치게 좁아서도 또 넓어도 수필의 맛이 떨어진다. 반면 일정한 틀을 갖고 그 틀 안에서만 일정한 작법의 호흡을 유지하는 건 더욱 곤란하다.

작가의 호흡은 그대로 독자의 숨결로 스며들기 때문이다. 구활의 수필에는 작가 특유의 패턴이 있다. 그로인해 사건이나 사실만이 각인될 우려가 있다. 내용면에서는 '짐승만도 못한 놈'이라는 삽화가 작품 도입부에 상당 부분 차지한 것이 평자로선 불만이다.

'그런 싸가지 없는 선비가 벼슬을 하면 우리나라처럼 나라가 안 되는 법이지'라고 말한 부분이 지나친 표현이기는 하나 그런 풍자가 일부 독자들에게 통쾌할지 모르겠다. 작가의 재치와 호탕함이 넘치는 필력에는 감탄이 절로 나온다.

사물과 사람을 비틀어볼 줄 알기 때문이다. 언어를 비틀기보다 의미를 비틀 줄 아는 작가는 그것만으로도 일단 성공이다. 구활의 수필에서 인간의 솔직한 목소리로 들을 수 있다는 것이 유쾌하다.

이태동(문학평론가 · 서강대 명예교수)

구활의 작품 「**사발정 약수터에 나가**」는 짜임새뿐만 아니라 주제 면에서 다른 작품들과는 차별화되고 있다. 다시 말해, 이 작품은 언뜻 보아 해학적이라고 생각하겠지만, 자세히 들여다보면 동양적인 멋과 미학을 독특한 은유를 통해 훌륭하게 나타내고 있다는 것을 발견할 수 있다. 주인공이 속세의 더러움이 묻은 육체를 상징하는 옷을 벗고 꿈이 나타내는 무릉도원과 같은 이상 세계로 가서 문인들을 만나 풍류를 즐기려는 것은 샘물의 이미지와 함께 각박하고 혼탁한 세상을 살고 있는 현대인들에게 많은 것을 깨닫게 한다. 그래서 적어도 이 글은 수필이 무엇인가를 우리들로 하여금 깨닫게 할 만큼 수작이라고 할 수 있다. 그러나 변영로의 글, 「명정 사십년」을 너무 길게 이용한 것이 '옥의 티'라 하지 않을 수 없다.

신재기(문학평론가 · 경일대 교수)

구활의 사이버 상 닉네임은 '팔할이 바람'이다. 서정주의 초기 시편 「자화상」의 한 구절인 "스물세 해 동안 나를 키운 건 팔할(八割)이 바람이다."를 패러디한 것임을 금방 알 수 있다. 이 같은 패러디에서 우선 그만의 특유한 재치와 익살을 읽을 수 있다. 그와 함께 시간을 보내거나 술을 마시면서 대화를 나눠보면 이 정도의 재치는 별것 아니다. 그에게는 언제나 유머감각이 넘친다.

그는 사물을 거꾸로 보거나 상황을 반전시키는 데 남다른 능력을 가지고 있다. 이를 얼른 보면 재치라고 할 수 있을는지 모르지만, 사실 그것의 기본은 사물의 본질을 투시하는 뛰어난 직관이다. 구활의 글에는 대상의 내면을 단참에 꿰뚫어 보는 날카로운 언어들로 가득 차있다.

구활의 '팔할이 바람'은 '풍류'로 요약될 수 있을 것 같다. 그는 풍류를 "'점잔'을 벗어나 '난봉'으로 들어가는 길목에 존재하는 것이지만 그렇게 속되지도 않고 그렇다고 성스럽지도 않다. 그래서 중용이다."라고 하였다.

여기에서 구활의 인생관을 엿볼 수 있다. 점잔과 성스러움은 사람이 마땅히 추구해야 할 이상적인 덕목이다. 하지만 점잔과 성스러움은 하나의 이데올로기가 되어 인간의 본성을 억압할 가능성이 크다. 남과 더불어 살아가는 사람으로서 누구나 윤리 도덕을 지키는 것이 마땅하지만, 이것이 인간의 자유를 제한하는 족쇄로 작용할 때가 없지 않다.

자유를 추구하는 길목에 세속의 자질구레한 윤리는 거추장스러운 군더더기와 다를 바 없다. 한편 기본적인 윤리의 선을 넘어선 자유는 방종이 되어 추하게 보일 수 있다. 멋은 화려하거나 아름다운 것이 아니로되, 또한 추하고 속된 것도 아니다. 양자를 초월한 공간에 멋이 존재한다. 그것은 다름 아닌, 수필가 구활이 지향하는 풍류가 아닐까?

그의 수필은 새로운 것을 찾아 멀리 떠나가는 여정의 시공 속에서 만들어진다. 그가 「매일신문」에 100회 연재했던 「구활의 스케치 기행」을 묶어 『하안거 다음날』이라는 수필집을 상재했던 것도 이와 무관하지 않다. 그의 수필은 온 산하를 바람처럼 자유롭게 누비고 다니면서 건져 올리고 다듬은 보석들이다. 한곳에 머물지 않고 새로운 곳을 찾아 길을 떠나는 것은 인간의 숙명인지 모른다.

중심을 벗어나 멀리 여행길에 오르는 것은 새로운 세계를 경험하고 무언가를 찾고자 하는 욕망의 발현이다. 이 세상에 변하지 않는 것은 없다. 그 변화에 적응하기 위해선 긴장이 필요하고, 다가올 미래의 불확실성으로 말미암아 현재는 언제는 불안하다. 긴장과 불안은 자신의 존재 문제에 눈 돌리게 하는 계기를 만들어 준다. 이 지점에서 수필가 구활이 인식한 모든 존재의 모습은 외로움이다.

> 사실 답사를 시작한 건 외로움 때문이었다. 외로움에서 벗어나기 위해선 철저히 외로워지는 방법밖에 다른 도리가 없었다. 그래서 혼자서 떠났다가 홀로 돌아왔다. 보아라. 산 그림자도 외로워서 하루에 한 번씩 마을로 내려오고, 가진 것 없는 빈 마음들도 저물 무렵이면 주막 어귀로 모여든다. 사람만 외로움을 타는 것이 아니다. 벌과 개미가 모여 사는 것도, 바람과 구름이 한 곳에 머물지 못하고 흘러가는 것도 모두 외로운 탓이다. 산다는 건 외로움을 견디면서 혼자 울고 있는 것이다. 어쩌면 산다는 것은 겨울바람에 맞서는 문풍지의 떨림 같은 것이며 그래도 산다는 것은 눈물로 부르는 슬픈 노래 같은 것이다.
>
> – 고향집 앞에서

산다는 것은 외로움과 맞서 그것을 견뎌내고 극복하고자 하는 애절한 몸부림일 수 있다. 거기에는 슬픔과 눈물과 울음이 따를 수밖에 없다. 하지만 작가는 이러한 외로움을 감성의 표면을 스쳐가는 감상적인 것으로 파악하지 않고 존재의 원천으로 보고 있다. 그럼으로써 감상주의에 함몰되지 않고 나름의 세계관을 확립한다.

구활 수필에서 떠남과 외로움의 원심력만 있는 것이 아니다. 이에 마주 작용하는 구심력으로서 귀향의 정서를 강하게 드러내고 있다. 고향을 향하는 구심력은 원심력이 클수록 그만큼 더 커진다. 구활의 수필의 한 끝에 여행의 떠돌아다님이 있다면, 다른 한 끝에는 돌아가야 할 고향에 대한 추억이 선명한 모습을 드러내고 있다.

이 같은 원천회귀 지향은 떠돌이로서의 흔들리는 인간 본연의 불안한 존재에 대한 인식의 반작용으로 나타나는데, 우선 고향에 대한 그리움과 추억이 가장 두드러져 보인다. 그의 작품 중에는 돌아가야 할 고향에 대한 그리움을 주제로 하고 있는 것을 적잖게 볼 수 있다. 그는 그것을 통해 삶의 이치를 깨닫고 자신의 존재를 확인하기도 한다.

구활의 수필 세계를 떠받치고 있는 또 하나의 기둥이 고향으로 향하는 구심력이라면, 거기에는 고향에 대한 그리움, 가난했던 유년시절, 아버지 부재의 짐을 감당해야 했던 어머니의 강단이 주류를 이루고 있다고 하겠다. 그러기에 구활은 고향에서 보낸 유년의 가난 그 자체를 말하거나 가난 때문에 남다른 고생을 했다든가 하는, 지난날의 아픔이나 상처를 날것으로 말하지 않는다.

아픔과 상처를 아직도 가지고 있다면 그것은 마음의 멍으로 남아있다는 증거이고, 고향은 두 번 다시 떠올리기조차 싫은 곳이 되고 말 것이다. 하지만 구활의 수필에서 고향은 아픈 상처를 치유해 주고 모든 갈등을 해소시켜 주는 화해의 공간이다. 영원한 마음의 고향으로 승화되어 드러난다. 그래서 고향은 아름다운 추억의 원천이고, 환상의 꿈들로 다가온다.

구활의 수필은 재미있다. 그 재미는 특이한 소재나 기발한 구상에서 오는 것이 아니라 문체에서 비롯되는 것 같다. 문장이 흐르는 물같이 막힘이 없고 선택된 다양한 화소들의 조합이 자연스럽다. 무엇보다도 풍부한 상상력에 의해 구성되는 문장들은 독자들을 글 속으로 끌어들이는 흡인력을 발휘한다. 어떤 사실을 있는 그대로 진술할 때 느끼게 되는 지루함도 없다. 어쨌든 구활 수필의 문체는 거침이 없다. 여러 방면에 걸친 다양한 경험, 풍부한 어휘력과 상식, 끝없이 펼쳐지는 상상력의 마력 등은 그의 수필이 하나의 고유한 모습으로 설 수 있도록 하는 중요한 요소임에 분명하다.

허창옥(수필가)

작가는 이즈음 '풍류'를 테마로 연작수필을 쓰고 있다. 「**학이 송로주 따라주네**」란 작품도 그 중의 한 편이다. 구활은 그의 정신세계만큼이나 자유로운 작품세계를 가지고 있다. 유려한 문장으로 거침없이 써내려가는 작가로 이미 정평이 나 있다. 이 작품에서도 작가의 그러한 성향과 기량을 그대로 느낄 수 있었다.

'책 한 권'과 '불로 막걸리' 한 병을 들고 길을 나선 작가는 '그림자만 데리고' 홀로 산으로 간다. 도입부의 분위기에서 풍류를 이야기하려는 작가의 의도를 짐작하며 글을 읽는다.

> 바람은 저 혼자일 때는 바람이 아니다. 구름을 밀고 가거나, 죽림의 댓잎을 건드리거나, 솔 숲 속에 의연하게 서있는 소나무 사이를 지나갈 때 이는 소리의 움직임이 바람인 것이다. 나는 오늘 바람을 찾아 소나무 숲으로 간다. 그 숲 속에는 엊저녁 책에서 만난 학이 나의 빈 술잔에 송로주 한 잔을 따라 줄지도 모른다.

작가는 현실세계와 상상의 세계를 자연스럽게 연결한다. 조선조 선조 때 재상을 지낸 박순의 시 '방조운백(訪曺雲伯)' 둘째 수와 첫째 수를 인용하면서 줄거리를 전개한다. 박순이 친구 조준룡을 찾아서 술을 마시다가 잠이 드니 학이 날개를 퍼덕여 솔 이슬이 빈 술잔에 떨어진다는 내용의 둘째 수, 깜빡 잠들었다가 깨어나서 돌아가는 길에 지팡이 소리에 자던 새가 알았다는 첫째 수의 정황을 작가 특유의 상상력과 물 흐르는 듯한 문장으로 거침없이 그려낸다. 덕분에 독자는 두 선비가 주거니 받거니 하며 술잔을 나누고 시국을 한탄하는 정경을 가까이서 보는 듯한 착각에 빠진다.

둘째 수와 첫째 수를 잇대어 풀어갔다면 재미가 덜 했을 것이다. 그 사이에 작가의 술에 얽힌 일화가 끼어들었다. 오래 전에 염매시장 돼지국밥 집에서 한 잔에 십 원하는 막걸리를 백 원에 열두 잔으로 흥정해서 친구들과 나눠 마셨다. 국물에 고기 몇 점을 넣어주었더라면 "한 이백 년 정도 사시라"고 축원했을 것인데, 인심이 야박했으니 주인은 장수를 누리지 못하고 일찍 돌아갔을 것이라고 너스레를 떤다.

황희 정승과 상진 정승은 음덕을 베풀어 20년, 15년 더 살았다는 기록이 있다고 능청을 더한 대목은 그 진위와 관계없이 익살스럽다. 익살은 농담과 다르다. 이따금 재미를 더 하겠다고 널리 회자되는 농담을 쓰는 경우가 있는데 글의 격이 떨어질 뿐이다.

마지막 단락에서 화자는 옛 선인들의 풍류에서 다시 현실세계로 돌아온다. 풍류는 풍류인 것으로 충분하다. 당대의 지식인들이 술을 마시고 담론을 나누며 기꺼움과 무상함을 몇 줄 시로 풀어내는 한유한 멋을 독자에게 보여 주었다. 달리 메시지를 담을 필요가 없는 것이다. 결미에서 또 한 번 익살을 떨며 글을 마치고 있다.

> 천년을 산다는 학도 이렇게 조심(鳥心)이 야박한 걸 보니 돼지 국물집 주인 여자처럼 오래 살지 않으려고 작정했나 보네.

연보

1942년 경북 경산시 하양읍 도리리 148번지에서 구문회와 이경순 사이의 3녀 2남 중 맏아들로 태어나다.

1945년 남동생이 태어난 지 58일 만인 음력 9월 초닷샛날 아버지가 돌아가시다.

1948년 하양초등학교에 입학.

1954년 대구중학교에 입학.

1957년 계성고에 입학.

1960년 경북대 문리대 영문학과에 입학.

1964년 ROTC(제2기) 장교로 졸업과 동시에 임관, 안동 육군 제36사단 병참부에서 근무하다.

1967년 대구일보 수습기자로 입사하다.

1972년 대구일보사가 2월 28일자로 폐간되다.

1975년 영남일보로 자리를 옮기다.

1980년 사회부 차장 대우로 승진했으나 전두환 정권에 의해 영남일보사가 매일신문에 흡수 통합되다. 11월 중순 영남일보 종간호 1면에 폐간사인 「윤전기여 안녕」이란 글을 쓰다.

1984년 소설가 김원일과 함께 영천 화산의 어느 강으로 투망질을 갔다가 돌아와 쓴 글이 「아버지를 만나는 강」이었다.

이 글이 현대문학 84년 11월호 에 실린 나의 첫 수필이다.

1985년 첫 수필을 발표한 후 자신감을 얻어 마음속에 고여 있거나 애잔한 찌꺼기로 남아 있던 것들이 앞드려 연필을 들면 취객의 구토처럼 쏟아져 나왔다. 퇴근 후 술 마시 기를 중단하고 바로 집으로 돌아와 프레스토 검프가 달리기하듯 달리고 또 달렸다. 어떤 날은 하루 밤에 두 편을 쓰기도 했다.

「어머니의 텃밭」「조팝나무 흰 꽃으로 내리는 봄」「능금밭의 추억」「여름밤에 들리는 소리」「과수원 길」「검정 고무신」 등이 이때의 소산이다.

1990년 매일신문 문화부장이 되다. 그동안 문학잡지에 발표한 글들이 책 한 권 분량이 되다. 『그리운 날의 추억제』란 제목으로 첫 수필집이 출간되다.

1991년 매일신문 북부지역 본부장으로 2년 동안 안동에서 근무하다. 캐나다 로키산맥 일대를 보름 간 여행하다. 「안동호의 밤」「밴쿠버의 참새」「기억 속의 우울한 기억」「열서너 살의 수채화」「무진 같은 곳」을 이 때 쓰다.

1993년 매일신문 논설위원으로 자리를 옮기다. 중국 황산, 장강삼협, 말레이지아 코타키나 발루 등지를 여행하다. 「황산의 하오 3시」를 쓰다.

1997년 두 번째 수필집 『아름다운 사람들』을 책 만드는 집에서 출간하다.

1998년 31년 3개월이란 언론계 생활을 끝내고 2월 28일 퇴직하다. 「산에서 운다」「김장 김치에 얽힌 기억들」「회나무집 사람들」을 쓰다.

1999년 3월 25일 한국수필문학진흥회로부터 제17회 현대수필문학상을 받다. 어머니가 5 월 27일 새벽 운명하다. 「하늘나라 편지」「다시 텃밭 앞에서」를 쓰다.

2000년 문화관광부의 '문화유산답사 전문강사 양성' 프로그램에 참여, 3개월 반 동안 우리 나라 전역에 흩어져 있는 역사의 현장을 두루 돌아다니다.

2001년 문화유산답사를 하면서 보고 느낀 것을 『시간이 머문 풍경』이란 제목으로 눈빛(대표 이규상)에서 출간하다. 한국언론재단에서 저술지원금을 받다.

2002년 12월 27일 대구문인협회에서 제20회 대구문학상을 수상하다.

2003년 사찰순례기인 『하안거 다음날』(눈빛)을 출간하다. 5월 22일 방일영 문화재단에서 저술지원금을 받다. 11월 17일 금복문화재단으로부터 금복문화예술상(문학부문)을 수상하다. 2001년 11월 8일부터 매일신문 주간지에 연재하던 『구활의 스케치 기행』을 11월 13일 1백회로 끝마치다. 신문에 연재했던 스케치 작품 120점을 기독교 봉사단체 참길회에 기증하다. 참길회는 7월 25일부터 31일까지 대구시 대명동 우봉 갤러리에서 '구활의 이웃 사랑전'을 열다. 전시된 작품 중 60여점을 점당 10 만원에 팔아 600여만 원을 소록도 방문 20주년 기념행사의 봉사 기금으로 사용하다.

2005년 에세이 집 『고향집 앞에서』(눈빛)를 출간하다. 1월 14일 한국문화예술진흥원으로부터 저술지원금을 받다. 매일신문 신춘문예에 수필부문이 새 장르로 선정되고 심사위원으로 위촉되다.

2006년 5월 27일 수필지 『에세이스트』의 우수 작품 10선에 들어 <올해의 작품상>을 수상하다.

2007년 7월 23일 옛 선비들의 풍류와 멋을 담은 『바람에 부치는 편지』를 출간하다.

2007년 9월 7일 제3회 원종린 수필 문학상 대상을 수상하다. 수상 작품집은 『고향집 앞에서』, 3년째 매일신문 신춘문예 심사위원으로 위촉되다.